Die Versöhnung des Samurai

Unheimliche Geschichten aus Japan

Lafcadio Hearn

Die Versöhnung des Samurai

Unheimliche Geschichten aus Japan

Übersetzung aus dem Englischen von Klaus Lerch

Die deutsche Nationalbibliothek verzeichnet diese Publikation in der Deutschen Nationalbibliographie. Detaillierte bibliographische Daten sind im Internet über http://d-nb.de abrufbar.

ISBN 978-3-945058-05-3

Herstellung: Books on Demand GmbH, Norderstedt

Inhaltsverzeichnis

Vorwort

Gerade als ich begonnen habe, dieses Vorwort zu schreiben, höre ich, dass im Kino die neue amerikanische Version von „Godzilla“ angelaufen ist. Für uns im Westen ist diese Figur ein Filmmonster, das all denen gute Unterhaltung verspricht, die sich bombastisches Actionkino mit grellen Schockeffekten wünschen. Für die Japaner ist Godzilla mehr als das. 1954 war die japanische Urfassung des Filmes ein Mittel, die katastrophalen, traumatisierenden Ereignisse der Atomangriffe auf Hiroshima und Nagasaki zu symbolisieren und zu verarbeiten. Naturkatastrophen wie Erdbeben, Vulkanausbrüche und Tsunamis aber eben auch durch menschliches Handeln verursachte Desaster wie die terroristischen Anschläge der Aum-Sekte und die Reaktorkatastrophe von Fukushima, haben dem Land der aufgehenden Sonne immer wieder Schicksalsschläge versetzt. Die Flucht in Fantasiewelten stellt einen Versuch dar, mit solchen Ereignissen umzugehen. Der Glaube an übernatürliche Wesen, die Einfluss auf das Leben der Menschen nehmen, hilft, das Leid zu lindern und Lebensmut zu schöpfen. Dieses Verarbeitungsmuster hat lange Tradition in Japan. So existiert ein reicher Schatz an Volkssagen, Mythen und Legenden, der über Jahrhunderte hinweg mündlich und schriftlich überliefert wurde. In diesen Erzählungen, die meist shintōistische oder buddhistische Wurzeln haben, findet sich auch die Basis für die grundlegenden Werte der japanischen Gesellschaft wie Höflichkeit, Aufrichtigkeit, Ehre, Mut und Loyalität, die sich bis in die heutige Zeit erhalten haben.

Überraschenderweise ist es ein Ausländer, der die vielleicht bekannteste Sammlung japanischer Mythen und Legenden veröffentlicht hat. Lafcadio Hearn, Schriftsteller irisch-griechischer Abstammung kam 1890 im Alter von 40 Jahren nach Japan. In einer Zeit, als andere westliche Besucher instruierend und belehrend auftraten, betrat Hearn das Land um zu lernen und zu verstehen, was japanische Kultur und Mentalität ausmacht. Bis zu seinem Tod im Jahre 1904 lebte er in Japan und verfasste mehr als ein Dutzend Bücher über das Land. Ein wichtiger Bestandteil seines Gesamtwerkes sind die unheimlichen Geschichten,

Nacherzählungen japanischer Mythen und Legenden. Hearn selbst war der japanischen Sprache kaum mächtig. Seine Frau, Koizumi Setsu, suchte für ihn in Buchläden nach unheimlichen Geschichten. Sie durfte sie ihm nicht vorlesen. Sie musste ihm zunächst den Inhalt erklären, erst den Kern der Handlung, danach die Details. Hearn erzählte die Geschichten dann mit seinen Worten in englischer Sprache nach, wobei man seinem Stil die Begeisterung anmerkt, die er beim Zuhören empfunden haben muss.

„Die Versöhnung des Samurai" ist nach „Kwaidan" der zweite im Hibarios-Verlag erschienene Band mit Erzählungen von Lafcadio Hearn. Die Mehrzahl der neunzehn Geschichten in dieser Ausgabe wird hier erstmals in deutscher Sprache veröffentlicht. Die englischen Originalfassungen erschienen zwischen 1898 und 1905 in Hearns Werken „Japanese Fairy Tale Series", „In Ghostly Japan", „Shadowings", „A Japanese Miscellany" und „The Romance of the Milky Way". Eine der Geschichten, „Die Versöhnung des Samurai", im Original „The Reconciliation", war Bestandteil des Episodenfilms „Kwaidan", der im Jahre 1964 von Masaki Kobayashi auf die Kinoleinwand gebracht wurde.

Lafcadio Hearns Schreibstil wird bisweilen als impressionistisch bezeichnet. Tatsächlich findet man bei einigen der in diesem Band vorgestellten Geschichten aber auch surrealistische Züge. So in „Die Geschichte von Kwashin Koji", in der ein alter Mann Szenen aus historischen Gemälden zum Leben erweckt oder in „Die alte Frau, die ihr Reisbällchen verlor", in der die Protagonistin durch ein Loch in der Erde in eine Traumwelt stürzt. Auf der Skala des Schauderns deckt Hearn auch mit dieser Sammlung wieder das gesamte Spektum ab – von verspielt märchenartigen Erzählungen wie „Chin-chin Kobakama" bis zu dem Horrorgenre nahen Geschichten, wie „Von einem gebrochenen Versprechen", in denen auch schon mal ein Kopf blutig vom Rumpf getrennt wird. Für den Liebhaber schaurig schöner Erzählungen, der auch an der Kultur und Tradition Japans interessiert ist, sollte in jedem Falle etwas dabei sein.

Klaus Lerch Kaarst, im Mai 2014

侍の調和

Von einem gehaltenen Versprechen[1]

Ich werde im Frühherbst zurückkehren", sagte Akana Soyëmon vor einigen hundert Jahren, als er sich von seinem Adoptivbruder, dem jungen Hasébé Samon, verabschiedete. Es war im Frühjahr im Dorf Kato in der Provinz Harima. Akana war ein Samurai aus Izumo, und er wollte seinen Geburtsort besuchen.

Hasébé sagte:

„Dein Izumo – das Land der acht aufsteigenden Wolken[2] – ist weit entfernt. Deshalb wird es für dich wohl schwierig sein, den Tag deiner Rückkehr vorherzusagen. Doch, wenn wir den genauen Tag erfahren könnten, würden wir uns glücklich schätzen. Wir könnten dann eine Willkommensfeier organisieren, und wir würden am Eingangstor auf deine Rückkehr warten."

„Warum sollte das schwierig sein?" antwortete Akana, „ich bin ein erfahrener Reisender, und ich kann normalerweise vorhersagen, wie lange ich dafür brauche, einen bestimmten Ort zu erreichen. Ich kann sicher versprechen, an einem bestimmten Tag zurückzukehren. Sollen wir uns am Tag des Chōyō-Festivals verabreden?"

„Das ist der neunte Tag des neunten Monats" sagte Hasébé, „dann werden die Chrysanthemen in Blüte stehen, und wir können gemeinsam ihren Anblick genießen. Wie schön! Du versprichst also, am neunten Tag des neunten Monats zurückzukehren?"

„Am neunten Tag des neunten Monats", wiederholte Akana und lächelte zum Abschied. Dann verließ er das Dorf Kato in der Provinz Harima, und Hasébé Samon und Hasébés Mutter sahen ihm mit Tränen in den Augen nach.

---

[1] Aus dem Ugitsu Monogatari.

[2] Einer der alten poetischen Namen für die Provinz Izumo oder Unshū.

Weder Sonne noch Mond", so sagt ein altes japanisches Sprichworte, „halten jemals an auf ihrer Reise." Rasch vergingen die Monate, und der Herbst begann, die Jahreszeit der Chrysanthemen. Am frühen Morgen des neunten Tages des neunten Monats bereitete sich Hasébé darauf vor, seinen Adoptivbruder zu begrüßen. Er bereitete ein prächtiges Fest vor, er kaufte Wein, schmückte das Gästezimmer und füllte die Vasen in den Wandnischen mit zweifarbigen Chrysanthemen. Als die Mutter ihn sah, sagte sie: „Mein Sohn, die Provinz Izumo ist mehr als hundert Ri[3] von hier entfernt, und die Reise von dort ist beschwerlich und ermüdend. Du kannst nicht sicher sein, dass Akana heute kommen wird. Wäre es nicht besser, seine Ankunft abzuwarten, bevor du all diesen Aufwand betreibst?" „Nein, Mutter!" antwortete Hasébé, „Akana hat versprochen, heute zurückzukehren. Er wird sein Versprechen nicht brechen, und wenn er sieht, dass wir erst nach seiner Ankunft mit den Vorbereitungen beginnen, dann weiß er, dass wir an seinen Worten gezweifelt haben – und wir müssten uns schämen."

Der Tag war wunderschön. Keine Wolke war am Himmel zu sehen, und die Luft war so rein, dass die Welt noch tausend Meilen größer schien als sonst. Am Morgen kamen viele Reisende durch das Dorf – einige davon waren Samurai. Hasébé beobachtete jeden der kam, und mehr als einmal glaubte er, Akana auf sich zukommen zu sehen. Doch als die Tempelglocke zur Mittagsstunde schlug, war Akana noch immer nicht aufgetaucht. Auch am Nachmittag hielt Hasébé Wache, und er wartete sehnsüchtig auf seinen Bruder. Die Sonne ging unter, und noch immer gab es kein Zeichen von Akana. Dennoch blieb Hasébé am Tor und blickte die Straße hinunter. Später ging seine Mutter zu ihm und sagte: „Die Absichten eines Menschen – das sagt uns ein Sprichwort – können sich so schnell verändern, wie der Herbsthimmel. Deine Chrysanthemen werden auch morgen noch frisch sein. Du solltest nun besser schlafen gehen, und morgen früh kannst du weiter nach Akana Ausschau halten, wenn du möchtest." „Schlaf gut, Mutter", antwortete Hasébé, „doch ich glaube immer noch, dass er kommen wird." Daraufhin ging die Mutter auf ihr Zimmer, und

[3] Ein Ri entspricht ungefähr zweieinhalb englischen Meilen.

Hasébé blieb bei dem Tor. Die Nacht war so klar, wie der vorangegangene Tag. Der ganze Himmel war übersät mit Sternen, und die Milchstraße schimmerte mit besonderem Glanz. Das Dorf schlief. Die Stille wurde nur vom Plätschern eines kleinen Baches und – aus der Ferne – vom Bellen einiger Hofhunde gebrochen. Hasébé wartete noch immer, er wartete bis er den dünnen Mond hinter den Nachbarhügeln versinken sah. Dann schließlich begann er zu zweifeln und sich zu fürchten. Gerade als er in das Haus zurückkehren wollte, nahm er in der Ferne eine große Gestalt wahr, die sich näherte – sehr schnell und leicht, und im nächsten Moment erkannte er Akana.

„Oh!" rief Hasébé und sprang auf, um ihm entgegenzulaufen. „Ich habe seit dem frühen Morgen auf dich gewartet! Du hast also wirklich dein Wort gehalten... Doch du musst müde sein, mein armer Bruder! Komm herein, alles ist für dich vorbereitet." Er begleitete Akana zu seinem Ehrenplatz im Gästezimmer und beeilte sich, die Leuchten anzufachen, die heruntergebrannt waren. „Mutter", fuhr Hasébé fort, „war heute Abend sehr müde und ist bereits zu Bett gegangen, doch ich werde sie gleich wecken." Akana schüttelte den Kopf und machte eine Geste des Missfallens. „Wie du willst, mein Bruder", sagte Hasébé und servierte den Wein und das warme Essen für den Reisenden. Akana nahm weder von dem Essen noch von dem Wein, und er blieb für einen Moment sprach- und bewegungslos sitzen. Danach sprach er mit leiser Stimme, so als ob er befürchtete, die Mutter aufzuwecken:

„Nun will ich dir erzählen, warum ich so spät gekommen bin. Als ich in Izumo ankam, stellte ich fest, dass die Menschen die Güte unseres früheren Herrschers, des guten Herrn Enya, fast vergessen hatten. Sie hatten sich dem Thronräuber Tsunehisa zugewandt, der von der Burg Tonda Besitz ergriffen hatte. Doch ich musste Akana Tanji besuchen, meinen Cousin, obwohl dieser unter Tsunehisa diente und als sein Gefolgsmann auf dem Gelände der Burg lebte. Ich ließ mich von ihm dazu überreden, mich Tsunehisa vorzustellen. Ich gab vor allem deshalb nach, weil ich den Charakter des neuen Herrschers kennen lernen wollte, dessen Gesicht ich nie zuvor gesehen hatte. Er ist ein geschickter Kämpfer und er hat großen Mut, er ist jedoch durchtrieben und grausam. Ich hielt es für erforderlich, ihm klarzumachen, dass ich niemals unter ihm dienen könnte. Als ich ihn verließ, befahl er meinem

Cousin mich an der Abreise zu hindern und in der Burg festzuhalten. Ich widersprach und erläuterte mein Versprechen, am neunten Tage des neunten Monats nach Harima zurückzukehren. Ich erhielt jedoch keine Erlaubnis, abzureisen. Ich hoffte darauf, des Nachts entkommen zu können, doch ich wurde ständig bewacht, und bis heute konnte ich keinen Weg finden, mein Versprechen zu erfüllen…"

„Bis heute!" rief Hasébé fassungslos aus, „die Burg ist mehr als hundert Ri von hier entfernt!"

„Ja", antwortete Akana, „und kein Lebender kann zu Fuß hundert Ri an einem Tag zurücklegen. Doch ich spürte, dass du schlecht von mir denken würdest, wenn ich mein Versprechen nicht halten könnte, und ich erinnerte mich an das alte Sprichwort *Tama yoku ichi nichi ni sen ri wo yuku* („Die Seele eines Menschen kann an einem Tag tausend Ri zurücklegen"). Glücklicherweise hatte man mir erlaubt, mein Schwert zu behalten. Nur so war es mir möglich, zu dir zu kommen… Sei gut zu unserer Mutter."

Mit diesen Worten erhob er sich, und im gleichen Moment verschwand er.

Nun wusste Hasébé, dass Akana sich getötet hatte, um sein Versprechen zu erfüllen.

In der frühen Morgendämmerung machte Hasébé sich auf den Weg zur Burg Tonda in der Provinz Izumo. Als er Matsué erreichte, erfuhr er, dass Akana Soyëmon am neunten Tag des neunten Monats Harakiri begangen hatte, im Haus des Akana Tanji, auf dem Gelände der Burg. Daraufhin ging Hasébé zu dem Haus Akana Tanjis, machte ihm schwere Vorwürfe wegen des Verrats, erschlug ihn vor den Augen seiner Familie und entkam. Als der Herrscher Tsunehisa von den Vorgängen erfuhr, ordnete er an, Hasébé nicht zu verfolgen. Obwohl er selbst ein skrupelloser und grausamer Mensch war, konnte er doch die wahre Liebe anderer respektieren und die Freundschaft und den Mut Hasébé Samons bewundern.

Von einem gebrochenen Versprechen[4]

I

Ich fürchte mich nicht vor dem Tod", sagte die sterbende Frau zu ihrem Mann, „nur um eines sorge ich mich. Ich wüsste gerne, wer zukünftig meinen Platz in diesem Haus einnehmen wird."

„Meine Liebste", sagte der besorgte Ehemann, „niemand soll jemals deinen Platz in meinem Haus einnehmen. Ich werde niemals wieder heiraten."

Als er dies sagte, sprach er von Herzen, denn er liebte die Frau, die er gerade verlor.

„Versprichst du es, bei deiner Ehre als Samurai?" fragte sie schwach lächelnd.

„Ich verspreche es, bei meiner Ehre als Samurai", antwortete er, während er ihr blasses Gesicht streichelte.

„Dann, mein Liebster", sagte sie, „wirst du mich sicher im Garten begraben lassen – nicht wahr? Dort bei den Pflaumenbäumen, die wir am hinteren Ende gepflanzt haben. Ich wollte dich das schon lange fragen, doch ich dachte, wenn du wieder heiraten wirst, dann möchtest du mein Grab nicht so nahe bei dir haben. Doch jetzt, wo du versprochen hast, dass keine andere Frau meinen Platz einnehmen wird, muss ich meinen Wunsch nicht länger zurückhalten … ich möchte so gerne im Garten begraben werden! Ich glaube, dass ich im Garten manchmal deine Stimme hören kann und dass ich die Blumen im Frühling sehen werde."

„Es soll so sein, wie du es wünschst", antwortete er, „doch sprich jetzt nicht von deiner Beerdigung. Du bist nicht so krank, als dass wir schon alle Hoffnung verloren hätten."

---

[4] Eine Legende aus der Provinz Izumo.

„Ich schon“, erwiderte sie, „ich werde an diesem Morgen sterben … doch, wirst du mich wirklich im Garten begraben?“

„Ja“, sagte er „im Schatten der Pflaumenbäume, die wir gepflanzt haben. Und du wirst ein schönes Grab bekommen.“

„Wirst du mir eine kleine Glocke mitgeben?

„Eine Glocke?“

„Ja, ich bitte dich, mir eine kleine Glocke mit in den Sarg zu geben – so eine kleine Glocke, wie sie buddhistische Pilger mit sich tragen. Wirst du dies tun?“

„Du sollst die kleine Glocke haben – und alles andere, was du dir wünschst.“

„Ich wünsch mir nichts weiter“, sagte sie, „mein Liebster, du warst immer so gut zu mir. Nun kann ich glücklich sterben.“

Dann schloss sie ihre Augen und starb – so leicht, wie ein müdes Kind einschläft. Sie sah auch nach ihrem Tod noch wunderschön aus, und ein Lächeln lag auf ihrem Gesicht.

Sie wurde im Garten begraben, im Schatten der Pflaumenbäume, die sie so geliebt hatte, und mit ihr wurde eine kleine Glocke begraben. Über dem Grab wurde ein stattlicher Gedenkstein errichtet, der mit dem Familienwappen geschmückt war und folgende Kaimyō trug: *„Große Schwester, leuchtender Schatten der Pflaumenblüten-Kammer, die du im Hause des großen Meeres der Versäumnis wohnst.“*

Doch noch im ersten Jahr nach dem Tod seiner Frau begannen die Verwandten und Freunde des Samurai, ihn zu bedrängen, sich wieder zu vermählen. „Du bist noch ein junger Mann“, sagten sie, “du bist der einzige Sohn deiner Eltern, und du hast selbst keine Kinder. Es ist die Pflicht eines Samurai zu heiraten. Wenn du kinderlos stirbst, wer wird die Opfergaben bringen und wer wird den Vorfahren gedenken?“

Nachdem so viele Argumente vorgebracht waren, willigte er schließlich ein, wieder zu heiraten. Die Braut war nur siebzehn Jahre alt, und er erkannte, dass er sie innig lieben konnte, trotz des stummen Vorwurfs aus dem Grab im Garten.

II

Nichts konnte das Glück der jungen Ehefrau stören, bis zum siebten Tag nach der Hochzeit, als ihr Gatte zur Erfüllung bestimmter Pflichten des Nachts zum Schloss gerufen wurde. Am ersten Abend, an dem er gezwungen war, sie allein zu lassen, fühlte sie sich auf unerklärliche Weise unwohl. Sie verspürte eine vage Angst, ohne den Grund dafür zu kennen. Als sie zu Bett ging, konnte sie nicht einschlafen. Es lag ein Gefühl der Beklemmung in der Luft – eine unbestimmbare Schwere, wie manchmal, wenn ein Sturm aufkommt.

Zur Stunde des Ochsen hörte sie draußen in der Nacht das Läuten einer Glocke, der Glocke eines buddhistischen Pilgers – und sie fragte sich, welcher Pilger wohl zu solch später Stunde noch durch das Samurai-Viertel gehen würde. Sogleich erklang die Glocke ein weiteres Mal, und sie schien nun viel näher zu sein. Offensichtlich näherte der Pilger sich dem Hause. Doch warum kam er von hinten, wo es keine Straße gab? Plötzlich begannen die Hunde auf schreckliche, absonderliche Weise zu heulen und sie überkam eine Furcht, wie die Furcht aus schlechten Träumen… Das Läuten kam zweifellos aus dem Garten… Sie versuchte aufzustehen, um einen Diener zu wecken. Dabei bemerkte sie, dass sie nicht aufstehen konnte. Sie konnte sich gar nicht bewegen, konnte nicht rufen… Und näher, immer näher, kam das Läuten der Glocke – und oh! Wie die Hunde heulten!... Dann, leicht wie ein Schatten, glitt eine Frau ihn den Raum, obwohl alle Eingänge verschlossen und alle Schiebetüren ungeöffnet waren. Eine Frau, gekleidet in ein Totenhemd, eine Pilgerglocke tragend. Sie hatte keine Augen, denn sie war schon lange tot, und ihr offenes Haar strömte ihr über das Gesicht. Ohne Augen starrte sie durch das Gewirr der Haare und sprach ohne Zunge:

„Nicht in diesem Haus – du sollst dich nicht in diesem Haus aufhalten! Ich bin hier immer noch die Herrin. Du musst gehen, und du darfst niemandem den Grund führ dein Fortgehen nennen. Wenn du es IHM sagst, werde ich dich in Stücke reißen!" Nachdem sie dies gesagt hatte, verschwand die gespenstische Frau. Die junge Braut wurde bewusstlos vor Angst. Bis zur Dämmerung blieb sie in diesem Zustand.

Gleichwohl – im fröhlichen Licht des neuen Tages – kamen ihr Zweifel, ob das, was sie gehört und gesehen hatte, wirklich real gewesen war. Die Erinnerung an die Warnung lastete so schwer auf ihren Schultern, dass sie es nicht wagte, über die Erscheinung zu sprechen, weder zu ihrem Ehemann, noch zu irgendjemand anderem. Fast gelang es ihr, sich selbst davon zu überzeugen, dass sie nur einen furchtbaren Traum geträumt hatte, einen Albtraum, der sie krank gemacht hatte.

Doch in der folgenden Nacht verflogen alle Zweifel. Wieder, zur Stunde des Ochsen, begannen die Hunde zu heulen – wieder erklang die Glocke, sich langsam vom Garten aus nähernd, und wieder bemühte sich die Frau vergeblich, aufzustehen und um Hilfe zu rufen. Erneut kam die Tote in das Zimmer und zischte:

„Du sollst verschwinden, und du sollst niemandem sagen, warum du gehen musst! Wenn du es IHM nur zuflüsterst, werde ich dich in Stücke reißen!"…

Diesmal kam die gespenstische Frau noch näher an die Liegestatt – sie beugte sich darüber und schnitt murrend Grimassen.

Am nächsten Morgen, als der Samurai vom Schloss zurückkam, warf die junge Frau sich flehend vor ihm nieder:

„Ich bitte dich", sagte sie, „verzeih mir meine Undankbarkeit und meine Grobheit, wenn ich dir jetzt sage: Ich will nach Hause gehen, ich möchte diesen Ort sofort verlassen."

„Bist du hier unglücklich?" fragte er überrascht. „Hat irgendjemand es während meiner Abwesenheit gewagt, dich unfreundlich zu behandeln?"

„Das ist es nicht", schluchzte sie. „Alle waren hier immer gut zu mir… Doch ich kann nicht länger deine Frau sein. Ich muss diesen Ort verlassen…"

„Meine Liebste", rief er verwundert aus, „es ist sehr schmerzhaft für mich zu hören, dass es keinerlei Grund für dein Unwohlsein in diesem

Haus gibt. Doch ich kann mir nicht vorstellen, warum du dieses Haus verlassen willst – wenn dich hier niemand schlecht behandelt hat... Du meinst doch nicht, dass du dich von mir scheiden lassen willst?"

Zitternd und weinend antwortete sie:

„Wenn du mir die Scheidung nicht erlaubst, dann werde ich sterben!"

Eine kurze Zeit verharrte er in Stille, vergeblich nach einer Erklärung für diese unglaubliche Geschichte suchend. Dann antwortete er, ohne jede Gefühlsregung erkennen zu lassen:

„Es wäre ein beschämender Vorgang, wenn ich dich zu deinen Leuten zurückschicken würde, ohne dass du dir etwas zu Schulden kommen lassen hast. Wenn du mir einen guten Grund für dein Ansinnen nennen kannst – irgendeinen Grund, mit dem ich die Angelegenheit ehrenhaft erklären kann – dann werde ich der Scheidung zustimmen. Doch solange du mir keinen Grund nennst, keinen guten Grund, werde ich mich nicht von dir trennen, denn auf die Ehre unseres Hauses darf keine Schande fallen."

Nun fühlte sie sich genötigt zu sprechen, und sie erzählte ihm alles, in Todesangst hinzufügend:

„Jetzt, wo ich dich informiert habe, wird sie mich töten! Sie wird mich töten!..."

Obwohl er ein tapferer Mann war, wenig geneigt, an Gespenster zu glauben, erschrak der Samurai doch erheblich. Doch schon bald fiel ihm eine einfache, natürliche Lösung für das Problem ein.

„Meine Liebe", sagte er, „du bist nun sehr nervös, und ich befürchte, dass dir jemand verrückte Geschichten erzählt hat. Ich kann mich nicht von dir trennen, nur weil du in diesem Haus schlechte Träume hattest. Es tut mir wirklich sehr leid, dass du in meiner Abwesenheit so leiden musstest. Heute Nacht muss ich wieder zum Schloss, doch du wirst nicht allein sein. Ich werde zwei meiner Gefolgsleute bitten, in deinem Zimmer Wache zu halten. Dies wird dir ermöglichen, in Frieden zu schlafen. Es sind gute Leute, und sie werden gut auf dich aufpassen."

Es sprach so besorgt und liebevoll zu ihr, dass sie sich für ihren Schrecken schämte und beschloss, in dem Haus zu bleiben.

III

Die beiden Gefolgsleute, die nun Verantwortung für das Wohl der jungen Frau übernommen hatten, waren große, tapfere Männer, erfahren darin, Frauen und Kinder zu bewachen. Sie erzählten der Braut angenehme Geschichten, um sie heiter zu stimmen. Die Frau sprach lange Zeit mit den Wächtern, lachte über deren wohlgemeinte Scherze und vergaß fast ihre Ängste. Als sie sich schließlich zum Schlafen niederlegte, nahmen die bewaffneten Männer ihren Platz hinter einem Wandschirm in der Ecke des Raumes ein. Sie spielten Go[5] und flüsterten dabei nur, um die junge Frau nicht zu stören. Sie schlief wie ein Säugling.

Doch wieder erwachte sie zur Stunde des Ochsen mit einem schrecklichen Stöhnen, als sie erneut die Glocke läuten hörte. Sie war bereits nahe und kam immer näher. Die Frau sprang auf und schrie – doch nichts bewegte sich in dem Zimmer – es herrschte Totenstille – die Stille wuchs – sie verdichtete sich. Sie eilte zu den bewaffneten Männern, die bewegungslos vor ihrem Spieltisch saßen, einander in die Augen starrend. Sie schrie die Männer an und schüttelte sie, doch diese blieben wie eingefroren…

Später sagten sie, dass sie die Glocke gehört hätten, auch die Schreie der Braut, sogar ihre Versuche gespürt hätten, sie aufzurütteln und dass sie dennoch nicht fähig gewesen wären, sich zu bewegen oder zu sprechen. Doch ab diesem Augenblick hätten sie nichts mehr hören oder sehen können, da ein tiefschwarzer Schlaf über sie gekommen war.

Als der Samurai im Morgengrauen das Zimmer seiner Braut betrat, erblickte er beim Licht einer fast verloschenen Lampe den kopflosen Körper seiner jungen Frau, in einer großen Blutlache liegend. Seine beiden Gefolgsleute kauerten noch immer schlafend vor ihrem unvollendeten Spiel. Durch den Schrei ihres Herrn geweckt, sprangen sie auf und blickten verwirrt auf das Grauen am Boden…

---

[5] Ein Spiel ähnlich wie Dame, nur viel komplizierter.

Den Kopf konnte man nicht finden – und die abscheuliche Wunde deutete darauf hin, dass er nicht abgeschnitten sondern abgerissen worden war. Eine Blutspur führte von der Kammer zu einer Ecke der äußeren Galerie, wo die Sturmtüren offensichtlich aufgerissen worden waren. Die drei Männer folgten der Spur in den Garten – über Rasenflächen – über Sandwege – entlang des Ufers eines von Iris umwachsenen Teiches – im tiefen Schatten von Zedern und Bambushainen. Plötzlich, an einer Biegung, standen sie vor einem Albtraum-Wesen, das wie eine Fledermaus zwitscherte: Der Körper der vor langer Zeit begrabenen Frau, aufgerichtet vor ihrem Grab – in der einen Hand eine Glocke umklammernd, in der anderen den triefenden Kopf… Für einen Moment erstarrten die drei. Dann schlug einer der bewaffneten Männer, ein buddhistisches Bittgebet ausrufend, auf die Gestalt ein. Diese zerfiel sofort in Stücke – leere Fetzen eines Totenhemdes, Knochen und Haare – und die Glocke rollte läutend aus dem Ort der Zerstörung – doch die fleischlose rechte Hand wand sich noch immer, obwohl sie bereits vom Gelenk getrennt war – und die Finger umklammerten noch immer den blutenden Kopf – und sie rissen und klammerten, wie die Scheren eines Taschenkrebses sich an eine herabgefallene Frucht klammern…

–

Das ist eine böse Geschichte“ sagte ich zu dem Freund, der sie mir erzählt hatte. „Die Rache der Toten hätte – wenn überhaupt – den Mann treffen sollen.“

„So denken Männer“, war seine Antwort. „Doch Frauen empfinden anders…“

Er hatte Recht.

Die Versöhnung des Samurai[6]

Einst lebte ein junger Samurai in Kyōto, der – verarmt durch den Ruin seines Herrn – seine Heimatstadt verlassen musste, um den Dienst bei einem Fürsten in einer fernen Provinz aufzunehmen. Bevor er die Hauptstadt verließ, trennte sich der Samurai von seiner schönen und fürsorglichen Ehefrau, im Glauben, dass die Heirat mit einer Frau höheren Standes für sein berufliches Fortkommen vorteilhaft wäre. Kurz darauf heiratete er die Tochter aus einem vornehmen Hause und nahm sie mit in die Provinz, in die er von seinem neuen Herrn gerufen wurde.

Lag es an der Gedankenlosigkeit seiner Jugend oder an der aufkommenden Gier nach Reichtum und Anerkennung, die den Samurai blind machten für den Wert der Zuneigung seiner ersten Frau, einen Wert, den er so leichtfertig weggeworfen hatte. Es stellte sich schon bald heraus, dass seine zweite Heirat keine glückliche war. Seine neue Frau offenbarte schon bald ihren hartherzigen und selbstsüchtigen Charakter und er fand viele Gründe, sich mit Bedauern an seine Zeit in Kyōto zurückzuerinnern. Auch entdeckte er, dass er seine erste Frau immer noch liebte – er liebte sie mehr als er seine neue Frau jemals würde lieben können und ihm wurde klar, wie ungerecht und undankbar er gewesen war. Mehr und mehr entwickelte sich aus dem anfänglichen Bedauern ein schlechtes Gewissen, das ihm keine Ruhe ließ. Erinnerungen an die Frau, die er schlecht behandelt hatte – ihre freundliche Sprache, ihr Lächeln, ihre Anmut, ihre Schönheit und ihre unerschütterliche Geduld – suchten ihn fortwährend heim. Manchmal sah er sie in seinen Träumen an ihrem Webstuhl sitzen, sich tagaus tagein plagend, um ihn in der Zeit des Elends und der Armut zu unterstützen. Noch öfter sah er sie einsam, ihre Tränen hinter dem Ärmel ihres ärmlichen Kimonos verhüllend, in dem einsamen Raum kniend, indem er sie zurückgelassen hatte. Selbst während er seinen Dienst verrichtete

[6] Die Originalgeschichte findet sich in dem sonderbaren Buch „Konséki-Monogatari“

wanderten seine Gedanken zurück zu ihr. Dann fragte er sie sich, wie sie lebte und womit sie ihre Zeit verbrachte. Etwas in seinem Herzen versicherte ihm, dass sie niemals einen neuen Mann nehmen und dass sie ihm verzeihen würde. Im Geheimen fasste er den Entschluss, so bald als möglich nach Kyōto zurückzukehren. Er plante sie aufzusuchen, sie um zu Verzeihung bitten und alles zu tun, was ein Mann als Sühne tun kann. Aber die Jahre vergingen…

Schließlich war es soweit. Die Amtszeit des Fürsten ging zu Ende und der Samurai war frei. „Jetzt kehre ich heim zu meiner Liebsten", gelobte er. „Oh, welche Grausamkeit, welche Torheit, mich von ihr getrennt zu haben!" Er schickte seine zweite Frau zu ihrer Familie zurück (sie hatten keine Kinder). Zurück nach Kyōto eilend strebte er danach, unverzüglich seine frühere Gefährtin wiederzusehen. Er erlaubte sich nicht einmal die Zeit seine Kleidung zu wechseln.

Es war bereits spät in der Nacht, als er die Straße erreichte, in der sie lebte. Es war die Nacht des zehnten Tages im September und die Stadt war still wie ein Friedhof. Aber der helle Mond erleuchtete die Gegend, und er hatte keine Probleme, das Haus sofort zu finden. Es machte einen heruntergekommenen Eindruck, hohe Gräser wuchsen auf dem Dach. Er klopfte an die Schiebetür – aber niemand antwortete. Dann, als er merkte, dass die Tür nicht verschlossen war, drückte er sie auf und trat ein. Der erste Raum war leer, nicht einmal Tatamimatten befanden sich auf dem Boden. Ein kalter Wind blies durch die Spalten der Dielenbretter und der Mond schien durch einen Riss in der Wand des Alkovens. Die anderen Räume fand er ebenfalls in einem verlassenen Zustand vor. Das Haus war allem Anschein nach unbewohnt. Trotzdem entschied sich der Samurai, ein weiteres Zimmer am hinteren Ende des Wohnhauses aufzusuchen. Ein sehr kleiner Raum, in dem seine Frau sich immer am liebsten aufgehalten und ausgeruht hatte. Während er sich der Schiebetür näherte, die den Raum verschloss, nahm er überraschend ein Leuchten war, das aus dem Inneren des Raumes drang. Er schob die Tür beiseite und gab einen Freudenschrei von sich. Er sah sie dort, nähend, beim Licht einer Papierlampe. Zur gleichen Zeit trafen ihre Blicke auf seine, und mit einem fröhlichen Lächeln begrüßte sie ihn. Sie fragte nur: „Wann bist du nach Kyoto zurückgekehrt? Wie hast du den Weg zu mir gefunden durch all die dunklen

Räume?“ Die Jahre hatten sie nicht verändert. Sie war noch immer so schön und jung, wie in seinen schwärmerischsten Erinnerungen. Doch süßer als jede seiner Erinnerungen erschien ihm der Klang ihrer Stimme, zitternd ob der freudigen Überraschung seiner Rückkehr.

Glücklich nahm er neben ihr Platz und während er sie liebkoste und sie immer wieder um Vergebung bat, erzählte er ihr die ganze Geschichte: – wie tief er seinen Eigensinn bereute, wie elend er sich ohne sie fühlte, wie er sie ständig bedauert und wie lange er seine Wiedergutmachung geplant hatte. Sie antwortete ihm mit liebevoller Freundlichkeit, so wie es seinem Herzenswunsch entsprach, und sie bat ihn flehentlich, seine Selbstvorwürfe zu beenden. Er hätte ihretwegen nicht derart leiden sollen, sagte sie. Sie habe schon immer das Gefühl gehabt, dass sie es nicht wert war, sein Ehemann zu sein. Sie wisse, dass er sich von ihr nur wegen der Armut getrennt hatte. Während sie zusammen lebten, wäre er immer freundlich zu ihr gewesen, und niemals hätte sie aufgehört, für sein Glück zu beten. Selbst wenn es einen Grund für Widergutmachung geben würde, bereits dieser ehrenhafte Besuch wäre eine ausreichende Wiedergutmachung. Welche größere Freude könne sie sich vorstellen, als ihn wiederzusehen – und sei es nur für einen kurzen Moment? „Nur für einen kurzen Moment!“ antwortete er mit einem frohen Lachen, „stattdessen möchte ich für sieben Leben bei dir bleiben! Meine geliebte Frau, wenn du es mir nicht verbietest, dann komme ich zurück zu dir, um für immer bei dir zu leben – für immer – für immer! Nichts soll uns jemals wieder trennen. Jetzt habe ich Geld und Freunde, so dass wir nie wieder Armut fürchten müssen. Morgen wird mein Besitz hierher gebracht, und meine Diener werden auf dich warten. Wir sollten dieses Haus schön herrichten, ... schon sehr bald“, und entschuldigend fügte er hinzu: „Ich bin so schnell gekommen wie möglich – ich habe nicht mal meine Kleider gewechselt – so sehr war ich vor Sehnsucht verzehrt nach dir, und so sehr wollte ich dir all dies erzählen.“ Sie schien sehr erfreut zu sein über seine Worte, und als sie an der Reihe war zu erzählen, sprach sie über all das was in Kyōto in der Zeit seit seinem Aufbruch geschehen war. Nur ihren eigenen Kummer ließ sie voller liebevoller Rücksichtnahme in ihren Erzählungen aus. Sie unterhielten sich bis spät in die Nacht. Dann geleitete sie ihn in einen wärmeren, nach Süden ausgerichteten Raum – einen Raum, der früher ihr Brautgemach war. „Hast du niemanden im Haus, der dir helfen kann?“ fragte er, als sie damit begann, seine Schlafstätte herzurichten. „Nein“, antwortete sie, fröhlich lachend. „Ich konnte mir keinen Diener leisten, deshalb habe ich ganz alleine gelebt.“ „Ab morgen wirst du viele Bedienstete haben“, sagte er, „gute Diener und alles andere, was du benötigst.“ Sie legten sich nieder, um zu schlafen – und doch nicht um zu schlafen, denn sie hatten sich noch so viel zu erzählen. Und sie sprachen über die Vergangenheit, die Gegenwart und die Zukunft bis die Morgendämmerung graute. Dann plötzlich schloss der Samurai die Augen und fiel in einen tiefen Schlaf.

Als er aufwachte, strömte das Tageslicht durch die Ritzen der Fensterläden und zu seinem großen Erstaunen fand er sich auf einem nackten, vermoderten Boden wieder… War das alles nur ein Traum? Nein: sie war da, – sie schlief. … Er beugte sich über sie, – und schaute, – und schrie, – die Schlafende hatte kein Gesicht! Vor ihm liegend, nur in ein Totenhemd gehüllt, lag der Leichnam einer Frau, – ein Leichnam, so stark verwest, dass kaum etwas blieb außer den Knochen und dem langen schwarzen Haar.

Langsam nur, als er schaudernd und sich ekelnd in der Sonne stand, wich das eiskalte Grauen einer unerträglichen Verzweiflung, einem Schmerz so stark, dass er sich an die kleinste Hoffnung klammerte, dass dieser Schrecken nun doch nicht wahr sein könne. Unwissen vortäuschend wagte er es, sich in der Nachbarschaft nach dem Hause zu erkundigen, in dem seine Frau gelebt hatte.

„Es lebt niemand in diesem Haus“, sagte der befragte Nachbar. „Es gehörte einmal der Frau eines Samurai, der die Stadt vor einigen Jahren verließ. Bevor er ging, trennte er sich von ihr, um eine andere Frau zu heiraten. Sie hat sich darüber so sehr geärgert, dass sie krank wurde. Sie hatte keine Verwandten in Kyōto und niemand, der sich um sie kümmerte. Sie starb im Herbst desselben Jahres, in dem er sie verließ – am zehnten Tag im September...

Der Schädelberg

Es war zur Stunde des Sonnenuntergangs, als sie den Fuß des Berges erreichten. Es gab an diesem Ort keinerlei Anzeichen von Leben – weder Wasser noch Spuren von Pflanzen, auch keine Schatten fliegender Vögel – nichts als grenzenlose Trostlosigkeit. Und der Gipfel verlor sich in den Lüften.

Dann sagte der Bodhisattva zu seinem jungen Begleiter: „Du wirst das zu sehen bekommen, wonach du gefragt hast. Doch der Ort deiner Vision ist fern, und der Weg dorthin ist rau. Folge mir nach und habe keine Angst, Stärke wird dir gegeben werden."

Die Dämmerung kroch über sie, als aufstiegen. Es gab keinen ausgetretenen Weg und auch sonst kein Anzeichen eines menschlichen Besuches. Der Weg war überhäuft mit einer endlosen Ansammlung von Brocken, die sich unter ihren Füßen drehten und wegrollten. Manchmal löste sich ein Stück und klapperte mit hohlem Klang den Hang herunter, manchmal zerbrach ein Teil wie eine leere Muschelschale… Im Licht der Sterne erschauerten sie, doch die Dunkelheit wurde immer tiefer.

„Hab keine Angst, mein Sohn", sagte der Bodhisattva, „hier gibt es keine Gefahr, auch wenn der Weg grauenvoll ist."

Unter den Sternen stiegen sie weiter auf, schnell, schnell, angetrieben durch übermenschliche Kräfte. Sie durchschritten Felder von Hochnebel, und unter sich sahen sie die geräuschlose Flut der Wolken, wie die Gezeiten eines milchig weißen Meeres, immer größer werdend, je höher sie aufstiegen,.

Stunde um Stunde kletterten sie weiter, wobei die unsichtbaren Trittflächen nachgaben und mit dumpfem Klang und blassem kalten Leuchten unter ihnen zerbrachen.

Als die Hand des jungen Pilgers etwas Glattes berührte, das kein Stein war, hob er es an – und sah im Dämmerlicht in die wangenlose Fratze des Todes.

„Halte dich nicht auf, mein Sohn", mahnte die Stimme des Lehrers, „der Gipfel, den wir erreichen wollen, ist noch weit entfernt!"

Sie stiegen weiter durch die Dunkelheit bergan und fühlten ständig das weiche Zerbrechen unter ihren Füßen, und sie sahen die eisigen Feuer aufflackern und erlöschen, bis sich das Ende der Nacht grau färbte, die Sterne verblassten und der Osten zu blühen begann.

Doch sie kletterten weiter, schneller, schneller, immer noch angetrieben durch übermenschliche Kräfte. Um sie herum war nun die Kälte des Todes spürbar und eine furchtbare Stille… Eine goldene Flamme entzündete sich im Osten.

Und dann gab sich die Oberfläche des Steilhanges dem Pilger zu erkennen, und sogleich erfassten ihn ein Zittern und eine entsetzliche Angst. Denn es gab keinen Erdboden unter ihm, auch nicht über ihm oder um ihn herum. Es gab nur eine monströse und unermesslich große Anhäufung von Schädeln, Schädelteilen und von Knochenstaub, durchzogen mit einem Schimmer ausgeschlagener Zähne.

„Hab keine Angst, mein Sohn!" schrie die Stimme des Bodhisattvas, „nur wer wirklich willensstark ist, kann den Ort der Vision erreichen!"

Hinter ihnen war die Welt verschwunden. Nichts blieb übrig, außer den Wolken unter ihnen, dem Himmel über ihnen und der Anhäufung von Schädeln dazwischen.

Dann stieg die Sonne auf, zusammen mit den Bergsteigern, und es war keine Wärme in ihren Lichtstrahlen, nur Kälte so scharf wie ein Schwert. Der Schrecken der gewaltigen Höhe, der Albtraum der gewaltigen Tiefe und das Grauen der Stille wurden stärker und stärker, lasteten auf den Schultern des Pilgers und hielten seine Füße fest, bis ihn schließlich alle Kräfte verließen und er aufstöhnte, wie ein Schlafender mit schlechten Träumen.

„Geschwind, geschwind, mein Sohn!" schrie der Bodhisattva, „der Tag ist noch jung und der Gipfel ist noch fern."

Doch der Pilger kreischte: „Ich habe Angst! Ich habe entsetzliche Angst, und die Kräfte haben mich verlassen!"

„Die Kräfte werden zurückkehren, mein Sohn", antwortete der Bodhisattva... „Schau nun unter dich, über dich und um dich herum, und dann sage mir, was du siehst."

„Ich kann nicht", schrie der Pilger, zitternd und klammernd, „ich wage es nicht, nach unten zu schauen! Vor mir und um mich herum gibt es nichts anderes als menschliche Schädel."

„Und dennoch, mein Sohn", sagte der Bodhisattva, „und dennoch weißt du noch immer nicht, woraus dieser Berg besteht."

Der andere wiederholte schaudernd: „Ich habe Angst! Unsagbare Angst!... Hier gibt es nichts anderes als menschliche Schädel!"

„Ja, es ist ein Berg von Schädeln", antwortete der Boshisattva. „Doch wisse, mein Sohn, dass all diese Schädel DEINE EIGENEN SIND! Jeder davon war zu irgendeiner Zeit das Nest deiner Träume, Wünsche und Irrungen. Nicht einer davon ist der Schädel eines anderen Wesens. Alle, alle ohne Ausnahme, waren deine – in den Milliarden deiner früheren Leben."

Die Legende von Fugen Bosatsu[7]

Es war einmal ein sehr frommer und gelehrter Priester namens Shōku Shōnin, der in der Provinz Harima lebte. Viele Jahre lang hatte er täglich über dem Fugen-Bosatsu-Kapitel (Bodhisattva Samantabhadra) aus dem Sutra der Lotosblume vom wunderbaren Gesetz (Saddharmapuṇḍarīkasūtra) meditiert. Jeden Morgen und Abend betete er um die Gnade, einmal Fugen-Bosatsu als lebendige Gestalt erblicken zu dürfen, ganz so, wie er in dem heiligen Text beschrieben ist.[8]

Eines Abends, gerade als er wieder das Sutra rezitierte, überkam den Priester eine schwere Müdigkeit und er schlief – sich auf sein Kyōsoku[9] stützend – ein. Dann begann er zu träumen und in seinem Traum teilte ihm eine Stimme mit, dass er, um Fugen Bosatsu zu treffen, zu einer bestimmten Kurtisane gehen müsse, die man als "Yujō-no-Chōja"[10]

---

[7] Aus dem alten Buch „Jikkun-shō“

[8] Der Wunsch des Priesters war vermutlich inspiriert von der Verheißung, die in dem Kapitel „Die Anregung des Samantabhadra“ niedergeschrieben ist (siehe Kerns Übersetzung des Saddharma Pundarîka in den *Heiligen Büchern des Ostens*, Seite 433 – 434): „Dann sprach der Bodhisattva Mahâsattva Samantabhadra zu dem Herrn: …‘Wenn ein Priester, der dieses Dharmaparyâya anwendet, sich auf den Weg macht, dann – o Herr – werde ich einen weißen Elefanten mit sechs Stoßzähnen besteigen und mich zu dem Ziel des Priesters begeben, um das Dharmaparyâya zu beschützen. Und wenn der Priester, während er das Dharmaparyâya anwendet, auch nur ein Wort oder eine Silbe vergisst, dann werde ich den weißen Elefanten mit den sechs Stoßzähnen besteigen, dem Priester von Angesicht zu Angesicht begegnen und das vollständige Dharmaparyâya rezitieren.‘“ Aber diese Verheißung bezieht sich auf „das Ende der Zeit“.

[9] Das Kyōsoku ist ein gepolsterter Schemel, auf den der Priester während des Lesens einen Arm lehnen kann. Die Verwendung eines solchen ist allerdings nicht auf den geistlichen Stand beschränkt.

[10] Als eine Yujō bezeichnete man früher eine junge Sängerin oder eine Kurtisane. Der Ausdruck "Yujō-no-Chōja“ bedeutet in diesem Fall einfach „die erste (oder beste) der Yujōs“

kennt und die in der Stadt Kanzaki lebt. Sofort nach dem Aufwachen beschloss er, sich auf den Weg nach Kanzaki zu machen. Er beeilte sich sehr und erreichte die Stadt am Abend des folgenden Tages.

Als der Priester in das Haus der Yujō trat, sah er, dass sich viele Personen bereits dort versammelt hatten, meist junge Männer aus der Hauptstadt, die von der vielgerühmten Schönheit der Frau angezogen, nach Kanzaki gekommen waren. Sie feierten und tranken und die Yujō hatte eine kleine Trommel in der Hand (Tsuzumi), die sie sehr geschickt spielte und dazu sang. Das Lied war ein altes japanisches Lied über einen berühmten Schrein in der Stadt Murozumi, und dies waren die Worte:

Im Inneren des heiligen Wasserbeckens[11] *von Murozumi in Suwō,*
selbst dann, wenn kein Wind weht,
schlägt die Oberfläche ständig kleine Wellen.

Die Anmut der Stimme erfüllte jeden mit Erstaunen und Entzücken. Als der Priester, der sich etwas abseits niedergelassen hatte, zuhörte und in Gedanken versank, richtete das Mädchen plötzlich ihre Augen auf ihn. Und im gleichen Moment sah er, dass sie die Gestalt von Fugen Bosatsu annahm. Von ihren Augenbrauen sendete sie einen hellen Lichtstrahl, der die Grenzen des Universums zu durchstoßen schien, während sie einen schneeweißen Elefanten mit sechs Stoßzähnen ritt. Immer noch sang sie, aber das Lied wandelte sich: Folgende Worte vernahm der Priester:

Auf dem gewaltigen Meer des Erlöschens,
obwohl der Wind der sechs Wünsche
und der fünf Verderben niemals weht,
ist die Oberfläche des tiefen Wassers immer bedeckt
von der Woge der Erlangung der Wahrheit an sich.

Geblendet von dem göttlichen Lichtstrahl schloss der Priester seine Augen, doch durch ihre Lider konnte er die Erscheinung noch immer

[11] Mitarai. Mitarai (oder Mitarashi) ist die Bezeichnung für Wasserbecken oder Wasserquellen – aus Stein oder Bronze – die vor Shintōschreinen platziert werden, um es den Besuchern zu ermöglichen, ihre Lippen und Hände vor dem Gebet zu reinigen. Buddhistische Wasserbecken werden nicht so genannt.

deutlich sehen. Als er die Augen erneut öffnete, war alles vorbei. Er sah nur noch das Mädchen mit ihrer Handtrommel und hörte nur noch ihr Lied über das Wasser von Murozumi. Dennoch stellte er fest, dass er, wann immer er die Augen schloss, Fugen Busatsu auf seinem sechszähnigen Elefanten sehen und das mystische Lied über das Meer des Erlöschens hören konnte. Die anderen Anwesenden sahen nur die Yujō, sie hatten die Erscheinung Fugen Bosatsus nicht erblickt.

Dann plötzlich verschwand die Sängerin aus dem Gastraum, und niemand konnte sagen, wie und wann dies geschah. In diesem Moment war die ausgelassene Feier beendet, und die Fröhlichkeit wich gedrückter Stimmung. Die Gesellschaft löste sich auf, nachdem man vergeblich auf das Mädchen gewartet und nach ihr gesucht hatte. Der Priester entfernte sich als Letzter, verwirrt von den Emotionen des Abends. Kaum hatte er die Ausgangstür durchschritten, tauchte die Yujō vor ihm auf und sagte: „Mein Freund, sprich niemals mit irgendjemandem über das, was du heute Nacht gesehen hast.“ Mit diesen Worten verschwand sie und ließ nur den Geruch ihres betörenden Parfüms zurück.

Der Mönch, von dem die vorstehende Geschichte aufgezeichnet wurde, kommentiert sie wie folgt: Die Stellung einer Yujō ist niedrig und unwürdig, denn sie ist dazu verdammt, die männlichen Gelüste zu bedienen. Wer könnte sich demnach eine solche Frau als Nirmanakaya oder Inkarnation des Bodhisattva vorstellen? Wir sollten uns daran erinnern, dass die Buddhas oder Bodhisattvas in dieser Welt in unzähligen Erscheinungsformen auftreten können. Sie wählen aus göttlichem Mitgefühl selbst die niedrigsten und verachtenswürdigsten Formen aus, wenn diese Formen ihnen dazu dienen, die Menschen auf den wahren Weg zu führen und sie vor gefährlichen Täuschungen zu beschützen.

Das Mädchen aus dem Wandschirm[12]

Der alte japanische Autor Hakubai-En Rosui[13] sagte:

„In chinesischen und japanischen Büchern finden sich viele Geschichten – altertümliche und moderne – über Bilder, die aufgrund ihrer Schönheit einen magischen Einfluss auf den Betrachter ausüben. Über diese bewundernswerten Bilder – seien es Bilder von Blumen, Vögeln oder Menschen, gemalt von berühmten Künstlern – sagt man, dass die Gestalt der abgebildeten Kreaturen oder Personen sich von dem Papier, auf das sie gemalt wurden, ablösen und dass sie Handlungen ausführen und damit aus eigenem Willen lebendig werden können. Wir werden nun eine Geschichte aus dieser Kategorie wiedererzählen, die in früheren Zeiten jedermann bekannt war. Doch auch in der Gegenwart ist der Ruhm des Malers Hishigawa Kichibei und seiner Bilder – ‚die Portraits des Hishigawa' – noch über das ganze Land verbreitet."

Er fährt dann fort und beginnt die folgende Geschichte über eines der sogenannten Portraits zu erzählen:

Einst lebte ein junger Gelehrter, der sich Tokkei nannte, in Kyōto. Er wohnte in der Straße mit dem Namen Muromachi. Eines Abends, auf dem Rückweg von einem Besuch, wurde er auf einen alten, einteiligen Wandschirm (Tsuitaté) aufmerksam, der vor dem Laden eines Gebrauchtwarenhändlers stand. Es war ein einfacher

[12] Aus der Sammlung Otogi-Hyaku-Monogatari

[13] Er starb im achtzehnten Jahr der Kyōhō-Ära (1733). Der Maler, auf den er sich bezieht – Sammlern besser bekannt als Hishigawa Kichibei Moronobu – war in der zweiten Hälfte des siebzehnten Jahrhunderts auf dem Gipfel seines Ruhms. Er begann seine Karriere als Lehrling eines Färbers und erlangte gegen 1680 hohes Ansehen als Künstler, als er die Ukiyo-e-Schule der Malerei gründete. Hishigawa schilderte vor allem das, was man als Fūryū („elegantes Benehmen") bezeichnete, die Umgangsformen innerhalb der Oberklasse der Gesellschaft.

Wandschirm aus Papier. Was seine Aufmerksam erregte, war das Bild eines Mädchens in Lebensgröße, das auf den Schirm gemalt war. Der Preis war niedrig. Tokkei kaufte den Wandschirm und nahm ihn mit nach Hause.

Als er den Wandschirm erneut betrachtete, nun in der Einsamkeit seines Zimmers, erschien ihm das Bild noch viel schöner als zuvor. Offensichtlich war es ein sehr realistisches Bild, wobei jedes Detail der Zeichnung des Haares, der Augen, der Wimpern und des Mundes mit einer unvergleichlichen Grazilität und Exaktheit ausgeführt war. Die Manajiri[14] schien wie „das Werben um die Gunst einer Lotosblüte", die Lippen „wie das Lächeln einer roten Blume", das ganze Gesicht war unbeschreiblich lieblich. Wenn das wirkliche Mädchen, das hier portraitierte wurde, genauso schön war – kein Mann hätte sie jemals betrachten können, ohne sein Herz zu verlieren. Und Tokkei glaubte, dass sie so schön sein müsse, weil die Abbildung ihm so lebendig erschien, bereit einem jeden zu antworten, der sie ansprach.

Je länger er sich das Bild ansah, umso mehr fühlte er sich bezaubert von seinem Charme. „Kann es auf dieser Welt", sprach er zu sich selbst, „wirklich eine derart ergötzliche Kreatur gegeben haben? Wie gerne würde ich mein Leben geben – nein, tausend Jahre meines Lebens! – nur um sie für einen Moment in meinen Armen zu halten!" (Der japanische Autor schreibt „für einige Sekunden".) Kurz gesagt, er verliebte sich in das Bild, so sehr, dass er glaubte, nie ein Mädchen stärker lieben zu können, als das abgebildete. Er war sich aber schmerzlich bewusst, dass diese Person, falls sie überhaupt noch leben sollte, dem Bild nicht mehr ähneln würde. Vielleicht hatte man sie bereits lange vor seiner Geburt begraben!

Trotzdem wuchs diese hoffnungslose Leidenschaft Tag für Tag weiter in ihm. Er konnte nicht essen, nicht schlafen und er konnte sich auch nicht mehr mit den Studien beschäftigen, die ihm bislang so viel Vergnügen bereitet hatten. Er saß stundenlang vor dem Bild und sprach

---

[14] Wird auch Méjiri geschrieben – der äußere Augenwinkel. Die japanischen, wie auch die alten griechischen und arabischen Poeten, haben viele ausgefallene anmutige Ausdrücke, um die besondere Schönheit der Haare, Augen, Lider, Lippen, Finger, etc. zu beschreiben.

mit ihm, alles andere um ihn herum vergessend. Schließlich wurde er krank, so krank, dass er glaubte, sterben zu müssen.

Doch unter den Freunden von Tokkei gab es einen hochgeschätzten Gelehrten, der viele seltsame Dinge über alte Bilder und über junge Herzen wusste. Der betagte Gelehrte besuchte Tokkei, als er von dessen Krankheit hörte. Er sah den Wandschirm und wusste sofort, was geschehen war. Als Tokkei befragt wurde, gestand dieser alles und erklärte: „Wenn ich eine solche Frau nicht finden kann, dann will ich sterben."

Der alte Mann sagte:

„Dieses Bild wurde von Hishigawa Kichibei gemalt, nicht aus seiner Vorstellung sondern vom lebenden Objekt. Doch die abgebildete Person lebt nun nicht mehr. Man sagt allerdings, dass Hichigawa Kichibei nicht nur ihre Gestalt gemalt hat sondern auch ihren Geist und dass ihre Seele in dem Bild weiterlebt. Deshalb glaube ich, dass du sie für dich gewinnen kannst."

Tokkei richtete sich aus seinem Bett auf und starrte den Sprecher wissbegierig an.

„Du musst ihr einen Namen geben", fuhr der alte Mann fort, „und du musst jeden Tag vor ihrem Bild sitzen, deine Gedanken ständig auf sie konzentrieren und solange den von dir gegebenen Namen nennen, bis sie dir antwortet..."

„Mir antwortet!" rief der Liebende mit atemlosem Staunen aus.

„Oh ja", antwortete der Ratgeber, „sie wird dir bestimmt antworten. Doch wenn sie dir antwortet, musst du vorbereitet sein, ihr das zu geben, was ich dir jetzt sagen werde..."

„Ich werde ihr mein Leben geben!" schrie Tokkei.

„Nein", sagte der alte Mann, „du wirst ihr einen Becher reichen, gefüllt mit einem Wein, den du von hundert verschiedenen Händlern gekauft hast." Dann wird sie aus dem Wandschirm kommen, um den Wein entgegenzunehmen. Anschließend wird sie dir vermutlich selbst sagen, was weiter zu tun ist."

Mit diesen Worten entfernte sich der alte Mann. Sein Rat befreite Tokkei aus seiner Verzweiflung. Sogleich setzte er sich vor das Bild und nannte immer wieder zärtlich den Namen eines Mädchens – (der japanische Erzähler hat vergessen uns zu sagen, welcher Name dies war). An diesem Tag erhielt er keine Antwort, auch nicht am nächsten Tag und nicht am übernächsten. Doch Tokkei verlor weder das Vertrauen noch die Geduld, und eines Abends, nachdem viele Tage vergangen waren, antwortet plötzlich das Bild auf die Nennung seines Namens.

„Hai!“ (ja)

Dann wurde geschwind etwas von dem Wein der hundert verschiedenen Händler in einen kleinen Becher eingeschenkt und ehrfürchtig präsentiert. Das Mädchen trat aus dem Wandschirm heraus auf den Boden des Raumes, kniete nieder, um den Becher aus Tokkeis Hand entgegenzunehmen und fragte mit einem feinen Lächeln:

„Wie konntest du mich so sehr lieben?“

Der japanische Erzähler sagt: „Sie war so viel schöner als das Bild, wunderschön bis zu den Fingerspitzen, bewundernswert auch in Herz und Gemüt, lieblicher als jede andere auf dieser Welt.“ Welche Antwort Tokkei ihr gab, ist nicht überliefert, man kann es nur erahnen.

„Doch wirst du nicht bald müde werden, mich zu lieben?“ fragte sie.

„Niemals, solange ich lebe!“ beteuerte er.

„Und danach – ?“ fragte sie beharrlich, da eine japanische Braut mit einer Liebe nur auf eine Lebenszeit nicht zufrieden ist.

„Lass uns gegenseitige Treue schwören“, flehte er, „für sieben Lebenszeiten.“

„Solltest du jemals herzlos zu mir sein“, sagte sie, „dann werde ich zurück in den Wandschirm gehen.“

So schworen sie sich gegenseitige Treue. Ich glaube, dass Tokkei ein guter Junge war, denn seine Braut kehrte niemals zurück in den Wandschirm. Die Fläche, die sie auf dem Schirm besetzt hatte, blieb für immer leer.

Der japanische Erzähler rief aus:

„Wie selten derartige Dinge auf dieser Welt passieren!“

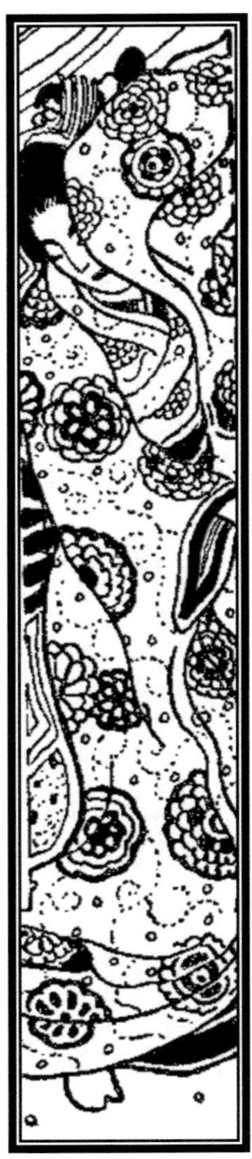

Der Reiter auf dem Leichnam[15]

Der Körper war eiskalt, das Herz hatte schon lange aufgehört zu schlagen – weitere Anzeichen für ihren Tod gab es nicht. Niemand hatte jemals Anstalten gemacht, die Frau zu begraben. Sie starb aus Gram und Zorn, nachdem ihr Mann sich von ihr getrennt hatte. Es wäre sinnlos gewesen, sie zu beerdigen, denn der letzte unsterbliche Wunsch einer sterbenden Person nach Rache kann den schwersten Grabstein spalten und jede Grabkammer zerbersten lassen. Alle Menschen, die in der Nähe des Anwesens wohnten, in dem ihr Leichnam lag, flohen aus ihren Häusern. Sie wussten, dass sie nur auf die Rückkehr des Mannes wartete, der sich von ihr getrennt hatte.

Zum Zeitpunkt ihres Todes, befand er sich auf einer Reise. Ihn packte das nackte Grauen, als er zurückkam und hörte, was geschehen war. „Wenn ich vor Einbruch der Dunkelheit keine Hilfe finde", dachte er bei sich, „dann wird sie mich in Stücke reißen." Es war erst die Stunde des Drachens[16], aber er wusste, dass er keine Zeit zu verlieren hatte.

Sogleich begab er sich zu einem Inyōshi[17] und flehte um dessen Beistand. Der Inyōshi kannte die Geschichte der toten Frau, und er hatte ihren Körper gesehen. Er sagte zu dem Bittsteller: „Eine sehr große Gefahr bedroht dich. Ich werde versuchen, dich zu retten. Du musst jedoch versprechen, all das zu tun, wozu ich dich auffordere. Es gibt nur einen Weg, um dich zu retten. Es ist ein schrecklicher Weg. Wenn du aber nicht den Mut findest, diesen Weg zu gehen, wird sie dir alle Glieder zerreißen. Wenn du den Mut aufbringst, dann komme wieder zu mir – heute Abend, bevor die Sonne untergeht." Der Mann schauderte, aber er versprach alles zu tun, was von ihm verlangt wurde.

---

[15] Aus dem Konséki-Monogatari

[16] Tatsu no Koku – oder die Stunde des Drachens – begann nach alter japanischer Zeit gegen acht Uhr morgens.

[17] Inyōshi, ein Professor oder Lehrmeister der Kunst des In-yō, der alten Chinesischen Naturphilosophie, die auf der Theorie basiert, dass ein männliches und ein weibliches Prinzip das Universum durchdringen.

Als die Sonne unterging, machte der Inyōshi sich mit ihm auf den Weg zu dem Haus, in dem der Körper lag. Der Inyōshi öffnete die Schiebetür und forderte seinen Auftraggeber auf einzutreten. Die Dunkelheit brach rasch herein. „Ich wage es nicht!“ keuchte der Mann, am ganzen Körper zitternd. „Ich wage es nicht einmal, sie anzusehen!“ „Du wirst noch viel mehr tun müssen, als sie nur anzusehen“, stellte der Inyōshi fest, „und du hast versprochen zu gehorchen. Geh hinein!“ Er drängte den Zitternden in das Haus und begleitete ihn bis zu dem Leichnam.

Die tote Frau lag mit dem Gesicht nach unten. „Nun musst du dich rittlings auf sie setzen“, sagte der Inyōshi, „und setze dich fest auf ihren Rücken, so als wenn du ein Pferd reiten würdest... Komm schon! – du musst es tun!“ Der Mann schauderte und benötigte die Unterstützung des Inyōshi. Er schauderte fürchterlich aber er gehorchte. „Nimm nun ihr Haar in deine Hände“, befahl der Inyōshi, - „die eine Hälfte in die rechte Hand, die andere Hälfte in die linke... So! ... Du musst es packen, wie ein Zaumzeug. Wickle es um deine Hände, um beide Hände, ganz fest. Ja, so geht das! ... Hör mir zu! Du musst so verharren bis zum Morgengrauen. Du wirst heute Nacht Anlass haben, dich zu fürchten – viele Anlässe. Doch was auch immer geschehen mag, lass niemals ihre Haare los. Wenn du sie loslässt – und sei es auch nur für eine Sekunde – wird sie dich in Stücke zerreißen!“

Der Inyōshi flüsterte daraufhin noch einige geheimnisvolle Worte in das Ohr der Leiche und sagte zu dessen Reiter: „Nun, was mich anbelangt, ich muss dich nun mit ihr alleine lassen... Bleib so, wie du bist! ... Vor allem, denke daran, dass du ihre Haare nicht loslassen darfst.“ Und er entfernte sich, die Türe hinter sich schließend.

Stunde um Stunde saß der Mann in nackter Angst auf dem Leichnam – und die Stille der Nacht um ihn herum wurde tiefer und tiefer – so lange, bis seine eigenen Schreie sie zerbrachen. Augenblicklich sprang der Körper unter ihm auf, so als wollte er ihn abwerfen und die tote Frau schrie lauthals: „Oh, wie schwer er ist! Doch ich werde den Kerl jetzt mit auf eine Reise nehmen!“

Dann erhob sie sich, sprang zur Tür, riss diese auf und raste in die Nacht – noch immer das Gewicht des Mannes auf dem Rücken tragend. Dieser schloss seine Augen, hielt seine Hände in ihr Haar gewickelt –

fest, ganz fest – obwohl er sich so sehr fürchtete, dass er nicht mal aufstöhnen konnte. Wie weit sie lief, er wusste es nicht. Er konnte nichts sehen, er hörte nur die Geräusche ihrer nackten Füße im Dunklen – picha-picha, picha-picha – und das Zischen ihres Atems, als sie voraneilte.

Schließlich kehrte sie um, lief zurück zu dem Haus und legte sich wieder auf den Boden, in die gleiche Position wie zuvor. Sie keuchte und stöhnte unter dem Mann bis der Hahn krähte. Danach blieb sie ruhig liegen.

Mit klappernden Zähnen saß der Mann auf ihr bis zum Sonnenaufgang, als der Inyōshi kam. „Du hast die Haare also nicht losgelassen!" beobachtete der Inyōshi erfreut. „Das ist gut... Nun kannst du aufstehen." Erneut flüsterte er in das Ohr des Leichnams und sagte dann zu dem Mann: „Du musst eine angstvolle Nacht hinter dir haben, aber nichts anderes hätte dich retten können. Du kannst dich nun geschützt fühlen vor ihrer Rache."

Ich glaube, dass der Abschluss dieser Geschichte unter moralischen Gesichtspunkten wenig überzeugend ist. Man findet keine Aufzeichnungen, dass der Reiter auf dem Leichnam wahnsinnig wurde oder dass sein Haar plötzlich ergraute, man sagt uns lediglich, das „er den Inyōshi mit Tränen der Dankbarkeit anbetete". Eine Notiz, die der Erzählung angefügt wurde, ist ebenfalls enttäuschend. „Es wird berichtet", schreibt der japanische Autor, „dass ein Enkel des Mannes (der den Leichnam ritt) noch immer lebt und dass zur gleichen Zeit ein Enkel des Inyōshi in einem Dorf namens Otokunoi-mura (möglicherweise Oronoi-mura ausgesprochen) lebt."

Dieser Dorfname findet sich in keinem der heutigen Adressverzeichnisse. Allerdings haben sich die Namen vieler Städte und Dörfer geändert, seit die vorangegangene Geschichte geschrieben wurde.

Das Mitgefühl der Benten[18]

In Kyōto gibt es einen berühmten Tempel namens Amadera. Sadazumi Shinnō, der fünfte Sohn des Kaisers Seiwa, verbrachte dort den größten Teil seines Lebens als Priester. Auf dem Gelände des Tempels kann man die Grabstätten vieler berühmter Menschen besichtigen.

Das heutige Gebäude ist jedoch nicht der historische Amadera. Der ursprüngliche Tempel war im Verlaufe von zehn Jahrhunderten derart verfallen, dass er im Jahr des Genroku (1701 n. Chr.) von Grund auf neu erbaut werden musste.

Anlässlich des Wiederaufbaus des Amadera wurde ein großes Fest veranstaltet. Unter den Tausenden, die das Fest besuchten, war auch ein junger Gelehrter und Poet namens Hanagaki Baishū. Er schritt durch die neu angelegten Anlagen und Gärten und erfreute sich an allem was er sah, bis er schließlich eine Quelle erreichte, aus der er früher oft getrunken hatte. Überrascht stellte er fest, dass das Erdreich um die Quelle abgetragen worden war, um einen quadratischen Teich zu bilden und dass man an einer Ecke des Teiches eine hölzerne Tafel mit der Aufschrift Tanjō-Sui[19] ("Wasser der Geburt") angebracht hatte. Er sah auch, dass ein kleiner aber hübscher Tempel zu Ehren der Göttin Benten neben dem Teich errichtet worden war. Während er diesen neuen Tempel betrachtete, wehte eine plötzliche Windbö ein Tanzaku[20] vor seine Füße, auf dem folgendes Gedicht geschrieben stand:

---

[18] Die Originalgeschichte findet man in dem Otogi-Hyaku-Monogatari

[19] Der Begriff Tanjō (Geburt) sollte hier in seiner mystischen, buddhistischen Bedeutung verstanden werden, als neues Leben oder Wiedergeburt, und nicht in seiner westlichen Bedeutung.

[20] Als Tanzaku bezeichnet man die langen Streifen oder Bänder aus Papier, üblicherweise gefärbt, auf die man Gedichte in senkrechter Anordnung schreibt. Die auf Tanazakus geschrieben Gedichte werden in blühende Bäume gehängt oder in Windspiele oder in andere schöne Objekte, aus denen der Dichter seine Inspiration bezogen hat.

Shirushi aréto
Iwai zo somuru
Tama hōki,
Toruté bakari no
Chigiri narétomo.

Dieses Gedicht – ein Gedicht über die erste Liebe (Hatsu Koi), abgefasst von dem berühmten Shunrei Kyō – war ihm nicht unbekannt. Jedoch hatte es eine weibliche Hand auf das Tanzaku geschrieben und zwar so herrlich, dass er seinen Augen nicht trauen wollte. Etwas in der Form der Zeichen – eine besondere Anmut – deutete auf den Lebensabschnitt zwischen Kindheit und Frausein hin, und die reine, satte Farbe der Tusche ließ die Reinheit und die Güte des Herzens der Schreibenden erkennen.[21]

Vorsichtig legte Baishū das Tanzaku zusammen und nahm es mit nach Hause. Als er es erneut ansah, erschien ihm die Schrift noch schöner als beim ersten Mal. Seine Kenntnisse in Kalligraphie sagten ihm nur, dass das Gedicht von einem Mädchen geschrieben worden war, das sehr jung, sehr intelligent und vermutlich sehr warmherzig war. Diese Kenntnisse reichten aber aus, um in seinen Gedanken das Bild einer bezaubernden Person zu erzeugen und schon bald verliebte er sich in die Unbekannte. Er war entschlossen, die Verfasserin dieser Verse zu finden und, wenn möglich, sie zu seiner Frau zu machen… Aber wie sollte er sie finden? Wer war sie? Wo lebte sie? Er konnte wohl nur auf Gottes Hilfe hoffen, um sie zu finden.

Doch gerade jetzt glaubte er, dass er mit der Hilfe der Götter rechnen konnte. Das Tanzaku war ihm zugeflogen, als er vor dem Tempel der Benten-Göttin stand und gerade diese Gottheit war es, die für gewöhn-

---

[21] Für das unerfahrene europäische Auge ist es im Falle chinesischer oder japanischer Handschriften schwierig, individuelle Charakteristika zu erkennen. Ein japanischer Gelehrter registriert dagegen die Besonderheiten einer individuellen Handschrift und er kann daraus sogar Rückschlüsse auf das Alter des Schreibers ziehen. Chinesische und japanische Autoren behaupten, dass die Farbe (Qualität) der Tusche etwas über den Charakter des Schreibers aussagt. Weil jeder Schreiber seine eigene Tusche selbst anreibt oder herstellt, kann man zumindest aus der Tiefe und Klarheit des schwarzen Farbtons auf die persönliche Sorgfalt und den Sinn für Schönheit schließen.

lich von Liebenden um Unterstützung beim Schließen eines glücklichen Bundes angerufen wurde. Diese Überlegung trieb ihn dazu an, die Gottheit ebenfalls um Beistand anzuflehen. Er machte sich unverzüglich auf den Weg zum Tempel der Benten-des-Wassers-der-Geburt (Tanjō-sui-no-Benten) auf dem Gelände des Amadera. Und dort brachte er aus tiefsten Herzen sein Bittgesuch vor: „Oh Göttin, erbarme dich meiner! Hilf mir den Ort zu finden, an dem die junge Person lebt, die das Tanzaku beschrieben hat! Gewähre mir nur eine Gelegenheit sie zu treffen und sei es auch nur für einen kurzen Moment!" Nachdem er dieses Gebet gesprochen hatte, begann er einen siebentägigen religiösen Dienst (Nanuka-mairi)[22] zu Ehren der Gottheit und er gelobte, die gesamte siebte Nacht betend vor ihrem Schrein zu verbringen.

Nun in der siebenten Nacht – der Nacht des Vigil-Gebets – in der Stunde der größten Stille, hörte er vom Eingangstor des Tempelgeländes eine Stimme, die um Einlass bat. Eine zweite Stimme antwortete aus dem Inneren, das Tor wurde geöffnete, und Baishū sah einen alten Mann von majestätischer Erscheinung mit langsamen Schritten herankommen. Diese ehrwürdige Person war in zeremonielle Gewänder gekleidet und trug auf seinem schneeweißen Haupt eine schwarze Mütze (Eboshi), deren Form seinen hohen Rang verriet. Als er den kleinen Tempel der Benten erreichte, kniete er nieder, so als ob er ergeben auf Anweisungen warten wollte. Dann wurde die äußere Tür des Tempels geöffnet. Der dahinter hängende Bambus-Vorhang, hinter dem das innere Heiligtum verborgen war, wurde zur Hälfte hochgerollt. Ein Chigo[23] kam nach vorne – ein schöner Jüngling mit langem Haar, das in traditioneller Weise nach hinten gebunden war. Er stand an der Türschwelle und sprach zu dem alten Mann mit klarer lauter Stimme:

---

[22] Es gibt viele Arten religiöser Dienste, die man Mairi nennt. Bei einem Nanuka-mairi verpflichtet man sich, über einen Zeitraum von sieben Tagen jeden Tag vor einem bestimmten Tempel zu beten.

[23] Der Begriff Chigo bezeichnet üblicherweise den Pagen eines adeligen Hauses, insbesondere einen kaiserlichen Pagen. Der Chigo, der in dieser Geschichte auftritt, ist natürlich ein übernatürliches Wesen, der Hofbote der Göttin und ihr Sprachrohr.

„Hier ist ein Mensch, der dafür gebetet hat, den Bund der Liebe schließen zu dürfen, was sich in seinem derzeitigen Zustand jedoch schwierig gestaltet. Er ist jedoch unseres Erbarmens würdig, und deshalb haben wir dich gerufen, um zu prüfen, ob ihm geholfen werden kann. Sollte es sich erweisen, dass die beiden in einem früheren Leben schon einmal in irgendeiner Beziehung zueinander standen, dann solltest du sie zueinander bringen."

Nachdem er diese Anweisungen erhalten hatte, verbeugte sich der alte Mann ergeben vor dem Chigo. Dann, als er sich wieder aufrichtete, zog er eine purpurne Kordel aus der Tasche seines langen linken Ärmels. Das eine Ende der Kordel wickelte er um Baishūs Körper, so als wollte er ihn damit verbinden. Das andere Ende hielt er in die Flamme einer der Tempel-Laternen, und während die Kordel brannte, winkte er dreimal mit seiner Hand, so als ob er jemanden aus der Dunkelheit herbeirufen wollte.

Plötzlich konnte man aus der Richtung des Amadera das Geräusch herannahender Schritte vernehmen, und im nächsten Moment erschien eine junge Frau, ein liebreizendes Mädchen von fünfzehn oder sechzehn Jahren. Sie näherte sich anmutig aber sehr scheu, den unteren Teil ihres Gesichts mit einem Fächer verbergend, und sie kniete neben Baishū nieder. Daraufhin sagte der Chigo zu Baishū:

„Du hast kürzlich sehr unter Herzschmerz gelitten, und deine flehentliche Liebe hat deine Gesundheit angegriffen. Wir können dir nicht erlauben, in einem derart unglücklichen Zustand zu verbleiben, und deshalb haben wir den alten Mann unter dem Mond[24] herbeigerufen, um dich mit der Verfasserin des Tanzaku bekannt zu machen. Sie ist nun neben dir."

Mit diesen Worten zog sich der Chigo hinter den Bambusvorhang zurück. Dann verschwand der alte Mann, so wie er gekommen war und das junge Mädchen folgte ihm. Gleichzeitig hörte Baishū, wie die große Glocke des Amadera die Stunde der Morgendämmerung einläutete. Von Dankbarkeit erfüllt warf er sich vor dem Schrein der Benten-des-

---

[24] Gekkawō. Dies ist eine poetische Bezeichnung für den Gott der Eheschließung, eher bekannt als Musubi-no-kami. Innerhalb dieser Geschichte findet man eine interessante Vermengung shintōistischer und buddhistischer Ideen.

Wassers-der-Geburt nieder und machte sich danach auf den Heimweg. Er glaubte, er wäre aus einem wunderbaren Traum erwacht, glücklich, dass er die liebreizende Person, um die er so inbrünstig gebetet hatte, endlich sehen konnte – doch auch unglücklich, weil er befürchtete, sie vielleicht niemals wieder sehen zu können.

Doch kaum war er durch das Tempeltor auf die Straße getreten, da sah er ein junges Mädchen in dieselbe Richtung gehen, die er gerade einschlagen wollte. Trotz der Dunkelheit des Morgengrauens konnte er sie sofort als die Person erkennen, die ihm vor dem Tempel der Benten vorgestellt worden war. Als er seine Schritte beschleunigte, um sie zu einzuholen, drehte sie sich um und begrüßte ihn mit einer graziösen Verbeugung. Dann wagte er erstmals zu ihr zu sprechen, und sie antwortete ihm mit einer Stimme, deren Anmut sein Herz mit großer Freude erfüllte. Sie gingen weiter durch die noch immer ruhigen Straßen, sich fröhlich unterhaltend, bis sie schließlich vor dem Haus ankamen, in dem Baishū lebte. Dort hielt er für einen Moment inne. Lächelnd fragte sie: „Weißt du nicht, dass ich geschickt wurde, um deine Frau zu werden?" Und zusammen mit ihm trat sie ein.

Nachdem sie seine Frau geworden war, erfreute sie ihn über alle Erwartungen durch ihre Anmut und ihre Herzlichkeit. Überdies stellte er fest, dass sie noch viel talentierter war, als er erwartet hatte. Sie konnte nicht nur wunderschön schreiben, sie konnte auch herrliche Bilder malen, sie beherrschte die Kunst Blumen zu arrangieren, zu sticken, zu musizieren, zu weben, zu nähen und den Haushalt zu führen.

Es war gerade Frühherbst, als sie sich getroffen hatten und sie lebten zusammen in perfekter Harmonie bis zum Beginn der Wintersaison. Nichts geschah in diesen Monaten, das ihren Frieden hätte stören können. Baishūs Liebe zu seiner sanftmütigen Frau wurde im Verlaufe der Zeit nur noch stärker. Seltsamerweise wusste er noch immer nichts über ihre Vergangenheit und auch nichts über ihre Herkunft. Sie hatte niemals über diese Dinge gesprochen und da die Götter sie ihm geschenkt hatten, glaubte er, es wäre nicht angemessen sie danach zu fragen. Aber weder der alte Mann unter dem Mond noch irgendjemand anders kam – wie er befürchtet hatte – um sie wieder fortzubringen. Es gab nicht mal jemanden, der sich nach ihr erkundigte. Und die Nachbarn verhielten sich – aus unbekannten Gründen - so, als würden sie ihre Anwesenheit gar nicht bemerken.

Baishū verwunderte all dies sehr. Doch es sollten noch seltsamere Erlebnisse auf ihn warten.

An einem Wintermorgen ging er zufällig durch ein abgelegenes Viertel der Stadt, als er hörte, wie jemand laut seinen Namen rief, und er sah wie ein Hausdiener aus dem Eingang eines privaten Wohnhauses heraus Zeichen machte. Da Baishū das Gesicht des Mannes nicht kannte und auch keine Bekannten in diesem Teil von Kyōto hatte, war er doch sehr erschrocken über diese unerwartete Einladung. Doch der Diener kam ihm entgegen, grüßte ihn mit größtem Respekt und sagte: „Mein Herr wünscht sich sehr, dass Sie ihm die Ehre erweisen mit ihm zu sprechen. Seien Sie so gnädig und treten sie kurz ein." Nach einem kurzen Moment des Zögerns ließ Baishū sich in das Haus geleiten. Eine würdevolle und edel bekleidete Person, die der Herr des Hauses zu sein schien, begrüßte ihn am Eingang und führte ihn in ein Gästezimmer. Nachdem die höflichen Begrüßungsformeln ausgetauscht waren, entschuldigte sich der Gastgeber für die wenig formelle Art der Einladung und sagte:

„Sie haben es wohl als sehr grob empfunden, wie wir Sie zu uns gerufen haben. Doch vielleicht werden Sie uns die Unhöflichkeit verzeihen, wenn ich Ihnen erkläre, dass wir von der Göttin Benten zu dieser Handlungsweise inspiriert wurden. Erlauben Sie mir nun, dies zu erklären."

„Ich habe eine sechzehnjährige Tochter, die ziemlich gut schreiben kann[25] und für andere Dinge eine durchschnittliche Begabung aufweist, sie hat einen gewöhnlichen weiblichen Charakter. Wir bemühten uns sie glücklich zu machen, indem wir einen Mann für sie suchten. Und so baten wir die Göttin Benten um Hilfe, indem wir zu jedem Benten-

---

[25] Nach einer alten japanischen Regel sollten Eltern eher abwertend über die Leistungen ihrer Kinder sprechen. Deshalb sollte der Besucher den Ausdruck „ziemlich gut" in diesem Zusammenhang als „traumhaft gut" verstehen. Aus gleichem Grunde bedeuten die anschließend gebrauchten Begriffe „durchschnittliche Begabung" und „gewöhnlicher weiblicher Charakter" eher das Gegenteil dessen, was sie auszudrücken scheinen.

Tempel in der Stadt einen Tanzaku schickten, den das Mädchen beschrieben hatte. Einige Nächte später erschien die Göttin mir im Traum und sagte: ‚Wir haben dein Gebet erhört, und wir haben deine Tochter bereits dem Menschen vorgestellt, der dazu ausersehen ist, ihr Ehemann zu werden. Im kommenden Winter wird er dich besuchen.' Ich konnte dies alles nicht verstehen und ich hatte Zweifel. Ich dachte, der Traum wäre vielleicht ein ganz normaler Traum, der gar nichts zu bedeuten hat. Doch letzte Nach sah ich erneut die Benten-Göttin in einem Traum und sie sagte zu mir: ‚Morgen wird der junge Mann, über den ich kürzlich gesprochen habe, in diese Straße kommen. Dann kannst du ihn in dein Haus rufen und ihn darum bitten, der Mann deiner Tochter zu werden. Er ist ein guter junger Mann und im Verlaufe seines Lebens wird er Karriere machen und einen viel höheren Rang einnehmen, als er ihn jetzt innehat.' Schließlich nannte mir die Benten-Göttin Euren Namen, Euer Alter, Euren Geburtsort und sie beschrieb Eure Erscheinung und Eure Kleidung so exakt, dass es meinem Diener nicht schwerfiel, Euch anhand der Anhaltspunkte zu identifizieren, die ich ihm mitgeteilt hatte."

Die Erklärungen verwirrten Baishū mehr, als dass sie ihn beruhigten, und seine einzige Antwort war eine formale Erwiderung des Dankes für die Ehre, die der Hausherr ihm erwiesen hatte, indem er mit ihm sprach. Doch als der Gastgeber ihn in den Nachbarraum bat, um ihm das junge Mädchen vorzustellen, war seine Verwirrung komplett. Dennoch fand er keine Argumente, die Vorstellung abzulehnen. Er konnte sich unter diesen besonderen Umständen nicht dazu überwinden zu verkünden, dass er bereits eine Ehefrau hatte, eine Frau, die ihm von der Göttin Benten persönlich vermittelt worden war, eine Frau, von der er sich niemals trennen würde. Deshalb folgte er seinem Gastgeber in Schweigen und Beklemmung in das besagte Zimmer.

Wie groß war sein Erstaunen, als er der Tochter des Hauses vorgestellt wurde und dabei feststellte, dass sie dieselbe Person war, die er bereits zur Frau genommen hatte!

Dieselbe – und doch nicht dieselbe.

Diejenige, die der alte Mann unter dem Mond ihr vorgestellt hatte, war nur die Seele seiner geliebten Frau.

Diejenige, mit der er sich nun vermählen sollte, in dem Hause ihres Vaters, war der Körper.

Die Göttin Benten hatte dieses Wunder ihren Anhängern zuliebe bewirkt.

Die Originalgeschichte bricht an diesem Punkt abrupt ab und lässt einige Themen ungeklärt. Das Ende ist ziemlich unbefriedigend. Man möchte etwas über die psychischen Erlebnisse der realen jungen Frau während der Ehe ihres Phantoms erfahren. Man möchte auch wissen, was aus dem Phantom geworden ist, ob es seine unabhängige Existenz fortsetzen konnte, ob es geduldig auf die Rückkehr ihres Ehemannes gewartet hat, ob es die reale Ehefrau besucht hat. Und das Buch sagt nichts über all diese Themen. Doch ein japanischer Freund hat das Wunder wie folgt erklärt:

„Die Gespenster-Braut entstand wirklich aus dem Tanzaku. Deshalb ist es möglich, dass das reale Mädchen gar nichts von dem Treffen am Tempel der Benten-Göttin wusste. Als sie diese wunderschönen Zeichen auf das Tanzaku schrieb, ging ein Teil ihrer Seele in diesen über. Deshalb war es möglich, die Doppelgängerin der Schreiberin aus der Schrift hervorzurufen."

Die Dankbarkeit des Samébito[26]

Einst lebte ein Mann namens Tawaraya Tōtarō in der Provinz Ōmi. Sein Haus lag am Ufer des Biwasees, nicht weit von dem berühmten Tempel, den man Ishiyamadera nennt. Er war vermögend und führte ein behagliches Leben, doch war er im Alter von 29 Jahren noch unverheiratet. Er war bestrebt, eine schöne Frau zu heiraten, doch war es ihm bislang nicht gelungen, ein Mädchen nach seinem Geschmack zu finden.

Eines Tages, als er über die lange Brücke von Séta[27] schritt, sah er ein seltsames Wesen, das am Brückengeländer kauerte. Der Körper dieser Kreatur ähnelte dem Körper eines Menschen, er war jedoch tiefschwarz und das Gesicht glich dem eines Dämons, die Augen waren grün wie Smaragde und der Bart war wie der Bart eines Drachen. Tōtarō erschrak zunächst heftig. Doch dann schauten ihn die grünen Augen so freundlich an, dass er es – nach einem Moment des Zögerns – wagte, eine Frage an die Kreatur zu richten. Diese antwortete ihm, indem sie sagte: „Ich bin ein Samébito[28], ein Haifischmann aus dem Meer, und bis vor kurzem diente ich den acht großen Drachenkönigen (Hachi-Dai-Ryū-Ō) als untergeordneter Beamter im Drachenpalast (Ryūgū[29]). Auf-

---

[26] Die Originalgeschichte finden sie in dem Buch Kibun-Anbaiyoshi

[27] Die lange Brücke von Séta (Séta-no-Naga-Hashi), berühmt in japanischen Legenden, ist fast achthundert Fuß lang und erlaubt herrliche Aussichten. Diese Brücke überquert das Wasser des Sétagawa nahe der Mündung des Stromes in den Biwasee. Der Ishiyamadera, einer der malerischsten buddhistischen Tempel in Japan, liegt ganz in der Nähe der Brücke.

[28] Eigentlich „ein Haifischmensch", doch in dieser Geschichte ist der Samébito ein Mann. Die Zeichen für „Samébito" können auch als „Kōjin" gelesen werden, dies ist sogar die gängigste Lesung. In Wörterbüchern wird als freie Übersetzung auch „Meermann" oder „Meerjungfrau" angegeben. Doch wie die obige Beschreibung zeigt, hat der Samébito oder Kōjin aus dem Fernen Osten nur wenig gemeinsam mit der westlichen Vorstellung von einem Meermann oder einer Meerjungfrau.

[29] Ryūgū ist auch der Name des unterseeischen Märchenreiches, das in so vielen japanischen Legenden eine Rolle spielt.

grund eines kleinen Fehlers, der mir unterlief, wurde ich aus dem Drachenpalast verwiesen und auch aus dem Meer verbannt. Seitdem streife ich in dieser Gegend umher, unfähig, etwas zu essen oder einen Platz zum Schlafen zu finden. Wenn du etwas Mitleid mit mir hast, dann hilf mir bitte ein Obdach zu finden – und bitte, gib mir etwas zu essen!"

Tōtarōs Herz war berührt, weil das Bittgesuch in einem klagenden Ton und in unterwürfigster Weise vorgebracht wurde. „Komm mit mir", sagte er. „In meinem Garten gibt es einen großen, tiefen Teich, in dem du leben kannst so lange du willst und ich werde dir ausreichend zu essen geben."

Der Samébito folgte Tōtarō nach Hause und er schien mit dem Teich sehr zufrieden zu sein.

Danach wohnte der seltsame Gast fast ein halbes Jahr in dem Teich und wurde jeden Tag von Tōtarō mit allerlei Meeresgetier gefüttert.

(Ab diesem Punkt der Originalgeschichte wird der Haifischmann nicht mehr als Monster dargestellt, sondern als sympathische Person männlichen Geschlechts.)

Nun, im siebten Monat des gleichen Jahres, fand eine Reise weiblicher Pilger (Nyonin-mōdé) zu dem großen buddhistischen Tempel namens Miidera in der Nachbarstadt Ōtsu statt. Tōtarō begab sich nach Ōtsu, um das Fest zu besuchen. Unter der Vielzahl von Frauen und Mädchen, die sich dort versammelten, konnte er eine Person von außerordentlicher Schönheit entdecken. Sie schien ungefähr sechzehn Jahre alt zu sein, ihr Gesicht war schön und rein wie Schnee, und die Anmut ihrer Lippen ließen den Betrachter glauben, dass jede ihrer Äußerungen so lieblich sein müsse, wie die Stimme einer Nachtigall, singend in einem Pflaumenbaum. Tōtarō verliebte sich sofort in sie. Als sie den Tempel verließ, folgte er ihr in respektvollem Abstand. Er fand heraus, dass sie und ihre Mutter für einige Tage in einem Haus in dem Nachbardorf Séta einquartiert waren. Durch Befragung der Dorfbewohner fand er heraus, dass sie Tamana hieß, dass sie unverheiratet war und dass ihre Familie wohl nicht wollte, dass sie einen Mann von gewöhnlichen

Stand heiratete, da die Eltern als Verlobungsgeschenk eine Schatulle mit tausend Juwelen forderten.[30]

Bestürzt wegen dieser Auskünfte kehrte Tōtarō nach Hause zurück. Je mehr er über das seltsame Verlobungsgeschenk nachdachte, das die Eltern des Mädchens forderten, umso mehr spürte er, dass es ihm niemals gelingen würde, sie zur Frau zu nehmen. Selbst wenn man annahm, dass es zehntausend Juwelen im ganzen Land gäbe, so könnte doch höchstens ein bedeutender Fürst darauf hoffen, diese zu erwerben.

Doch nicht mal für eine Stunde konnte Tōtarō die Erinnerung an das wunderbare Geschöpf aus seinen Gedanken vertreiben. Die Erinnerung verfolgte ihn so sehr, dass er weder essen noch schlafen konnte, und im Verlaufe der Zeit schienen die Gefühle immer stärker zu werden. Schließlich wurde er krank, so krank, dass er nicht mal mehr den Kopf von seinem Kissen erheben konnte. Schließlich rief er einen Arzt herbei.

Nach einer gründlichen Untersuchung äußerte der Arzt verwundert: „Fast jede Krankreit kann durch geeignete Medikamente behandelt werden“, sagte er, „mit Ausnahme von Liebeskummer. Deine Beschwerden rühren ganz offensichtlich von Liebeskummer. Es gibt dafür keine Medizin. Vor langer Zeit starb Rōya-Ō Hakuyo an dieser Krankheit, und du musst darauf vorbereitet sein, ebenfalls zu sterben.“ Nachdem er dies sagte, verließ der Arzt Tōtarō ohne ihm irgendeine Medizin gegeben zu haben.

Ungefähr zur gleichen Zeit hörte der im Gartenteich lebende Haifischmann von der Krankheit seines Herrn, und er ging in das Haus um Tōtarō seine Aufwartung zu machen. Fortan kümmerte er sich Tag und Nacht um mit größter Zuneigung um ihn. Doch er kannte weder den Grund noch verstand er die Ernsthaftigkeit der Erkrankung seines

---

[30] Tama im Original. Das Wort Tama hat eine Vielzahl von Bedeutungen und so wie es hier verwendet wird, ist es ziemlich unbestimmt, wie bei uns der Ausdruck „Juwel“ oder „Edelstein“. In der Tat ist es sogar noch unbestimmter, da es auch eine Koralle, eine Kristallkugel, einen polierten Stein an einer Haarnadel, und vieles mehr bezeichnen kann. Später wagte ich jedoch, den Begriff mit „Rubin“ zu übersetzen, aus Gründen, die nicht erläutert werden müssen.

Herrn, bis Tōtarō eine Woche später, als er sich Gedanken ums Sterben machte, die folgenden Abschiedsworte sprach:

„Ich vermute, dass ich deshalb das Vergnügen hatte, mich so lange um dich zu kümmern, weil zwischen uns bereits in einem früheren Leben eine Beziehung entstanden war. Doch jetzt bin ich wirklich sehr krank und jeden Tag verschlimmert sich mein Zustand mehr. Mein Leben ist wie der Morgentau, der entschwindet noch bevor die Sonne aufgeht. Deshalb mache ich mir nun deinetwegen Gedanken. Dein Leben hing von meiner Fürsorge ab, und ich befürchte, dass dich nach meinem Ableben niemand pflegen und versorgen wird… Mein armer Freund!... Ach! Unsere Hoffnungen und Wünsche bleiben immer unerfüllt in dieser unglücklichen Welt!"

Kaum hatte Tōtarō diese Worte gesprochen, da gab der Samébito einen seltsam wilden Aufschrei des Schmerzes von sich und begann bitterlich zu weinen. Als er so weinte, strömten große blutige Tränen aus seinen grünen Augen, rollten seine schwarzen Wangen hinab und tropften auf den Boden. Als sie fielen, waren sie aus Blut, als sie aber gefallen waren, wurden sie hart und glänzend und schön – sie wurden zu Juwelen von unschätzbarem Wert, zu Rubinen so prächtig wie purpurne Flammen. Denn wenn Meermänner weinen, werden ihre Tränen zu Edelsteinen.

Als Tōtarō dieses Wunder erblickte, war er derart erstaunt und erfreut, dass er wieder zu Kräften kam. Er sprang aus seinem Bett und begann die Tränen des Haifischmannes einzusammeln und zu zählen. Dabei rief er laut aus: „Meine Krankheit ist geheilt! Ich werde leben! Ich werde leben!"

Der überraschte Haifischmann hörte auf zu weinen und bat Tōtarō um eine Erklärung für seine wunderbare Heilung. Tōtarō erzählte ihm von dem jungen Mädchen, das er am Miidera gesehen hatte und von dem außergewöhnlichen Verlobungsgeschenk, dass deren Eltern gefordert hatten. „Weil ich sicher war", ergänzte Tōtarō, „dass ich niemals fähig sein würde, in den Besitz von zehntausend Juwelen zu kommen, glaubte ich, dass mein Werben aussichtslos wäre. Daraufhin wurde ich sehr unglücklich und schließlich erkrankte ich schwer. Doch jetzt, nachdem du so großzügig geweint hast, besitze ich viele Edelsteine, und ich glaube, dass ich das Mädchen bald heiraten kann. Nur – das sind noch nicht ausreichend viele Steine und ich flehe dich an, noch etwas mehr zu weinen, bis ich die erforderliche Anzahl gesammelt habe."

Doch bei diesem Ansinnen schüttelte der Samébito den Kopf und antwortete mit überraschter und vorwurfsvoller Stimme:

„Hältst du mich für eine Dirne, die weinen kann, wann immer sie will? Oh, nein! Dirnen vergießen Tränen, um Männer zu betrügen. Kreaturen aus dem Meer können jedoch nicht weinen, ohne wirkliches Leid zu empfinden. Ich weinte für dich wegen des Kummers in meinem Herzen, wegen der Sorge, dass du sterben würdest. Doch nun kann ich nicht für dich weinen, denn du hast mir berichtet, dass deine Krankheit geheilt wurde."

„Doch was soll ich dann tun?" fragte Tōtarō mit klagender Stimme. „Solange ich die zehntausend Juwelen nicht bekommen kann, werde ich das Mädchen nicht heiraten können!"

Der Samébito verharrte für einen Moment in Stille, so als würde er nachdenken. Dann sagte er:

„Höre! Heute kann ich vielleicht nicht mehr weinen. Doch lass uns morgen gemeinsam zur langen Brücke von Séta gehen, und lass uns Wein und Fisch mitnehmen. Wir können einige Zeit auf der Brücke rasten und während wir den Wein trinken und den Fisch essen, werde ich in Richtung des Drachenpalastes blicken und versuchen, Heimweh zu bekommen, indem ich an die glücklichen Tage denke, die ich dort verbracht habe. Dann sollte ich weinen können."

Tōtarō stimmte hocherfreut zu.

Am nächsten Morgen packten die beiden eine Menge Wein und Fisch ein, bevor sie sich auf den Weg zur Séta-Brücke machten. Sie rasteten dort und sie feierten. Nachdem sie dem Wein reichlich zugesprochen hatten, begann der Samébito in Richtung des Drachenpalastes zu blicken und er dachte an die alte Zeit. Allmählich – verstärkt durch die Wirkung des Weines – füllte die Erinnerung an glückliche Tage sein Herz mit Kummer, und das schmerzvolle Gefühl von Heimweh kam über ihn. Schließlich begann er heftig zu weinen. Die großen roten Tränen, die er vergoss, fielen auf die Brücke, wie ein Schauer aus Rubinen.

Tōtarō sammelt sie ein, legte sie in eine Schatulle und zählte sie, bis er die Zahl Zehntausend erreichte. Dann gab er einen Aufschrei der Freude von sich.

Fast im gleichen Augenblick hörte er von weit draußen über dem See eine wundervolle Melodie. Und dann tauchte über dem Wasser, langsam aufsteigend wie eine Wolke, ein Palast in der Farbe des Sonnenuntergangs auf.

Sogleich sprang der Samébito auf die Brüstung der Brücke, schaute und lachte vor Freude. Dann sagte er, während er sich zu Tōtarō umdrehte:

„Im Drachenpalast hat man wohl eine Generalamnestie verkündet, die Könige rufen mich. Ich muss dir nun Lebewohl sagen. Ich bin froh, dass ich dir behilflich sein konnte, als Gegenleistung für die Güte, die mir zuteil wurde."

Mit diesen Worten sprang er von der Brücke und niemand sollte ihn jemals wiedersehen. Doch Tōtarō präsentierte Tamanas Eltern die Schatulle mit den roten Juwelen und so konnte er sie schließlich heiraten.

Vor dem obersten Gericht

Der große buddhistische Priester Mongaku Shonin schreibt in seinem Buch Kyō-gyō Shin-shō: „Viele der Götter, die von den Menschen angebetet werden, sind unrechte Götter (Jajin). Deshalb werden solche Götter nicht von Menschen angebetet, die die drei kostbaren Dinge[31] verehren. Menschen, denen solche Götter Gefälligkeiten erweisen, werden eines Tages feststellen, dass sich diese Gefälligkeiten in Unglück verwandeln." Ein gutes Beispiel für diese Weisheit findet sich in einer Geschichte aus dem Buch Nihon-Rei-Iki.

Während der Zeit des Kaisers Shōmu[32] lebte im Bezirk Yamadagori in der Provinz Sanuki ein Mann namens Fushiki no Shin. Er hatte nur ein Kind, eine Tochter namens Kinumé.[33] Kinumé war ein gutaussehendes Mädchen, und sie war sehr stark. Doch, kurz nachdem sie das achtzehnte Lebensjahr vollendet hatte, begann sich in diesem Teil des Landes eine gefährliche Krankheit auszubreiten, von der auch sie befallen wurde. Ihre Eltern und ihre Freunde brachten daraufhin einem bestimmten Pest-Gott Opfergaben dar. Sie fasteten zu Ehren dieses Gottes, und sie flehten ihn an, die junge Frau zu retten.

Nachdem das Mädchen einige Tage benommen darniedergelegen hatte, kam das kranke Kind zu sich und erzählte ihren Eltern von einem Traum. In diesem Traum war ihr der Pest-Gott erschienen und hatte gesagt: „Deine Leute haben so aufrichtig zu mir gebetet und mich so andächtig verehrt, dass ich dich gerne retten möchte. Ich kann dies aber nur tun, indem ich dir das Leben eines anderen Menschen gebe. Kennst du zufällig ein anderes Mädchen, das den gleichen Namen trägt wie du?" „Ich kann mich erinnern", erwiderte Kinumé, „dass in Utarigori ein Mädchen lebt, das den gleichen Namen trägt." „Zeige sie mir",

[31] Sambō (Ratnatraya): der Buddha, die Glaubenslehre, das Priesteramt.
[32] Er regierte während des zweiten Viertels des achten Jahrhunderts.
[33] Goldene Pflaumenblüte.

sagte der Gott, während er die Schlafende berührte. Bei der Berührung stieg sie auf mit ihm in die Lüfte, und – im Bruchteil einer Sekunde – erreichten sie das Haus der anderen Kinumé in Utarigori. Es war in der Nacht, doch die Familie war noch nicht zu Bett gegangen, und die Tochter wusch Geschirr in der Küche. „Das ist das Mädchen", sagte Kimuné aus Yamadagori. Der Pest-Gott nahm ein langes, scharfes Instrument aus einem scharlachroten Beutel an seinem Gürtel, das wie ein Meißel aussah. Er betrat das Haus und trieb das scharfe Instrument in die Stirn der Kinumé aus Utarigori. Diese sank unter großem Schmerz zu Boden. In diesem Moment wachte Kitumé aus Yamadagori auf und berichtete von ihrem Traum.

Gleich nachdem sie ihren Traum erzählt hatte, fiel sie erneut in Bewusstlosigkeit. Drei weitere Tage blieb sie der Welt entrückt, und ihre Eltern begannen an ihrer Heilung zu zweifeln. Dann öffnete sie erneut die Augen, um zu sprechen. Doch im gleichen Moment erhob sie sich aus dem Bett, schaute sich irritiert im Raum um und lief schreiend aus dem Haus: „Dies ist nicht mein zu Hause! Ihr seid nicht meine Eltern!"…

Etwas Seltsames war passiert. Kinumé aus Utarigori war gestorben, nachdem der Pest-Gott sie angegriffen hatte. Ihre Eltern trauerten zutiefst, und die Priester ihres Gemeindetempels gaben ihr ein buddhistisches Begräbnis. Ihr Körper wurde auf einem Feld außerhalb des Dorfes verbrannt. Ihre Seele stieg herab zum Meido, der Welt der Toten und wurde vor das Tribunal des Emma-Dai-O – des Königs und Richters der Seelen – gerufen. Kaum dass der Richter sie erblickt hatte, rief er aus: „Dieses Mädchen ist die Kinumé von Utarigori. Sie hätte nicht so bald hierher gebracht werden müssen! Schickt sie sofort zurück in die Shaba-Welt[34] und bringt mir die andere Kinumé, das Mädchen aus Yamadagori!" Sogleich beklagte sich die Seele der Kinumé von Utarigori bei König Emma: „Großer Herr, mein Tod liegt nun schon mehr als drei Tage zurück. Mein Körper ist in der Zwischenzeit sicher schon verbrannt worden. Wenn du mich jetzt in die Shaba-Welt zurückschickst, was soll ich dort tun? Mein Leib hat sich

[34] Die Shaba-Welt (Shahaloka) beschreibt im üblichen Sprachgebrauch die Welt der Menschen, den Bereich des menschlichen Lebens.

bereits in Rauch und Asche verwandelt – ich werde keinen Körper haben!" „Hab keine Angst", erwiderte der schreckliche König, „ich werde dir den Körper der Kinumé von Yamadagori geben, denn ihre Seele muss sofort zu mir gebracht werden. Du brauchst dich nicht wegen der Einäscherung deines Körpers zu sorgen, denn der Körper der anderen Kinumé ist in viel besserem Zustand als deiner. Kaum hatte er dies gesagt, schon fuhr die Seele der Kinumé von Utarigori in den Leib der Kinumé von Yamadagori.

Als die Eltern der Kinumé von Yamadagori sahen, wie ihr krankes Mädchen aufsprang und rief „Dies ist nicht mein zu Hause!", glaubten sie, sie hätte ihren Verstand verloren, und sie riefen ihr nach: „Kinumé, wo willst du hin? Kind, warte einen Moment! Du bist viel zu krank, um so schnell davonlaufen zu können!" Doch das Mädchen konnte flüchten, und sie lief ohne anzuhalten, bis sie in Utarigori am Haus der Familie der toten Kinumé ankam. Sie trat ein, sah ihre Eltern, grüßte diese und rief: „Oh, wie schön es ist, wieder zu Hause zu sein!... Geht es euch gut, liebe Eltern?" „Sie erkannten sie nicht und glaubten, es mit einer Verrückten zu tun zu haben. Doch die Mutter fragte das Mädchen freundlich: „Wo kommst du her, Kind?" „Ich komme aus dem Meido", entgegnete Kinumé, „ich bin euer eigenes Kind, Kinumé, zurückgekehrt von den Toten. Doch, Mutter, ich habe jetzt einen anderen Körper." Und sie berichtete alles, was geschehen war. Die alten Leute waren verwirrt und wussten nicht, was sie glauben sollten. Bald kamen auch die Eltern der Kinumé von Yamadagori zu dem Haus, um ihre Tochter zu suchen. Die beiden Väter und die beiden Mütter berieten sich und ließen das Mädchen ihre Geschichte wiederholen. Sie befragten sie immer wieder, und das Kind konnte derart überzeugend antworten, dass die Zweifel an der Geschichte bald verflogen waren. Schließlich berichtete die Mutter der Kinumé aus Yamadagori von dem seltsamen Traum ihrer Tochter, und sie sagte zu den Eltern der Kinumé aus Utarigori: „Wir sind davon überzeugt, dass die Seele dieses Mädchens die Seele eures Kindes ist. Doch ihr wisst, dass ihr Körper der Körper unseres Kindes ist. Wir glauben, dass beide Familien das Recht auf einen Teil von ihr haben. Wir bitten euch, zu akzeptieren, dass sie ab jetzt als Tochter beider Familien betrachtet wird." Die Utarigori-Eltern stimmten diesem Vorschlag hocherfreut zu, und die Aufzeichnungen sagen, dass Kinumé in der Folgezeit den Besitz beider Haushalte erbte.

Der japanische Autor des Bukkyō Hyakkwa Zenshō sagt: „Diese Geschichte findet ihr auf der linken Seite des zwölften Blattes der ersten Ausgabe des Nihon-Rei-Iki".

Die Geschichte von Itō Norisuké

In der Stadt Uji in der Provinz Yamashiro lebte vor etwa sechshundert Jahren ein junger Samurai namens Itō Tatéwaki Norisuké, dessen Vorfahren von der Héiké-Familie abstammten. Itō war ein gutaussehender und liebenswerter Mensch, ein guter Schüler, der geübt war im Umgang mit der Waffe. Doch seine Familie war arm, und er hatte keine Förderer in der Aristokratie oder beim Militär, weshalb seine Perspektiven nicht besonders gut waren. Er lebte ein ruhiges Leben, sich ganz dem Studium der Literatur widmend, und er hatte (wie der japanische Geschichtenerzähler bemerkt) „nur den Wind und den Mond als Freunde".

An einem Abend im Herbst, als er alleine in der Nähe des Berges Kotobikiyama einen Spaziergang machte, traf er ein junges Mädchen, das den gleichen Weg ging. Sie war reich gekleidet und schien elf oder zwölf Jahre alt zu sein. Ito grüßte sie und sagte: „Die Sonne wird bald untergehen, und dies hier ist ein ziemlich verlassener Ort. Darf ich fragen, ob du dich verirrt hast?" Sie sah ihn mit einem strahlenden Lächeln an und erwiderte: „Nein, ich bin eine Miya Dzukai[35], diene hier in der Nachbarschaft und habe nur noch einen kurzen Weg vor mir."

Da das Mädchen den Ausdruck Miya Dzukai gebrauchte, glaubte Itō, dass sie bei hochstehenden Persönlichkeiten angestellt sein müsse, und ihre Angabe versetzte ihn in Erstaunen, weil er niemals davon gehört hatte, dass irgend eine vornehme Familie in dieser Gegend wohnen würde. Doch er sagte nur: „Ich kehre in meine Heimat nach Uji zurück. Vielleicht erlaubst du mir, dich zu auf deinem Weg zu begleiten, denn dies hier ist eine so einsame Gegend." Sie dankte ihm höflich und schien an seinem Angebot Gefallen zu finden, und sie gingen plaudernd zusammen weiter. Sie sprach über das Wetter, die Blumen, die Schmetterlinge und die Vögel, über einen Besuch, den sie einmal in Uji gemacht hatte, über die prächtigen Gebäude der Hauptstadt, in der sie

[35] Dienstmädchen in einer Sommerresidenz.

geboren war, und die Minuten flossen dahin, während Itō ihren Erzählungen lauschte. Plötzlich aber, bei einer Biegung des Weges, kamen sie in ein kleines Dorf, das von einem Gehölz junger Bäume dicht beschattet war.

Hier muss ich die Erzählung unterbrechen, um zu erwähnen, dass man, wenn man es nicht selber gesehen hat, sich nicht vorstellen kann, wie dunkel manche japanische Dörfer auch bei sonnenhellem und heißem Wetter sein können. In der Umgebung von Tōkyō selbst finden sich viele Dörfer dieser Art. In der Nähe von einer solchen Ansiedelung sieht man keine Häuser. Nichts ist zu sehen außer einem dichten Gehölz immergrüner Bäume. Dieses Gehölz, das üblicherweise aus jungen Zedern und aus Bambus besteht, soll das Dorf vor Stürmen schützen und auch für verschiedene Zwecke Holz liefern. Die Bäume sind so dicht gepflanzt, dass man zwischen ihren Stämmen nicht hindurchgehen kann. Sie stehen aufrecht wie Masten und flechten ihr Astwerk zu einem festen Band ineinander, das die Sonne abhält. Die Strohhütten sind von einem freien Platz umgeben, so dass die Bäume der Anpflanzung einen Zaun ringsum bilden, der doppelt so hoch ist wie das Haus. Unter den Bäumen ist immer Zwielicht, selbst zur Mittagszeit. Und die Häuser liegen morgens und abends im Halbschatten. Was den ersten Eindruck eines solchen Dorfes fast beunruhigend macht, ist nicht die düstere Stimmung, die einen seltsamen Reiz ausübt, sondern die Stille. Das Dorf kann aus fünfzig oder hundert Wohnhäusern bestehen, aber man sieht keinen Menschen, man hört keinen Laut außer dem Gezwitscher unsichtbarer Vögel, dem gelegentlichen Krähen der Hähne und dem Zirpen der Zikaden. Aber selbst die Zikaden finden diese Gehölze zu dunkel und singen nur leise. Da sie die Sonne lieben, ziehen sie die Bäume außerhalb des Dorfes vor. Ich vergaß zu erwähnen, dass man bisweilen einen unsichtbaren Webstuhl hört – chaka-ton – chaka-ton – aber dieser vertraute Ton erscheint in der großen grünen Stille elfenhaft unwirklich. Der Grund für diese Stille liegt einfach darin, dass die Leute nicht zu Hause sind. Alle Bewohner, außer den Alten und Schwachen, arbeiten auf den umliegenden Feldern. Die Frauen nehmen die jüngsten Kinder auf dem Rücken mit hinaus. Die größeren Kinder sind in der nächsten Schule, vielleicht eine Meile vom Dorf entfernt. Wahrlich, in diesen dämmrig verschwiegenen Dörfern scheinen sich die geheimnisvollen Vorgänge fortzusetzen, die in den Texten von Kwang-Tze beschrieben sind:

„Die Alten, die die Welt versorgten, wünschten sich nichts, und die Welt hatte genug. Sie taten nichts, und alle Dinge wurden verwandelt. Ihre Stille war abgrundtief, und die Menschen waren alle gleichmütig."

In dem Dorf war es sehr dunkel, als Itō es erreichte, denn die Sonne war untergegangen, und das Abendrot schuf kaum ein Zwielicht im Schatten der Bäume. „Jetzt, gütiger Herr", sagte das Kind und deutete auf einen schmalen Pfad, der auf den Hauptweg mündete, „muss ich hier entlang gehen". „Dann erlaube mir, dich nach Hause zu geleiten", erwiderte Itō und bog mit ihr in den düsteren Pfad ein, wo sie den Weg mehr fühlten als sahen. Das Mädchen blieb bald vor einem schmalen Tor stehen, das in der Dämmerung undeutlich erkennbar war, es war ein Gitterzaun, hinter dem man die Lichter eines Hauses sehen konnte. „Hier", sagte sie, „ist das ehrenwerte Haus, in dem ich diene. Wollt ihr nicht, da ihr so weit vom Wege abgekommen seid, geruhen, mit mir einzutreten, und eine Weile zu rasten?" Itō willigte ein. Ihm gefiel die schlichte Einladung, und er war neugierig, zu erfahren, welche Menschen vornehmer Stellung in einem so einsamen Dorfe leben mochten. Er wusste, dass sich Familien von Rang manchmal in dieser Weise vom öffentlichen Leben zurückzogen, wegen politischer Unruhen oder weil sie in Ungnade gefallen waren, und er dachte, dies müsse wohl auch die Geschichte der Bewohner dieses Hauses sein. Als er durch die Pforte getreten war, die seine junge Begleiterin ihm geöffnet hatte, fand er sich in einem großen, seltsamen Garten. Er sah undeutlich eine Miniaturlandschaft, die von einem kleinen, sich windenden Bachlauf durchflossen war. „Geruht hier einen Augenblick zu warten", sagte das Kind, „ich möchte Eure ehrenwerte Ankunft melden", und damit eilte sie zu dem Haus. Es war ein großes, anscheinend sehr altes Haus und stammte nach seiner Bauart aus einer früheren Zeit. Die Schiebetüren waren nicht geschlossen, aber das erleuchtete Innere war von einem schönen Bambusvorhang verhüllt, der sich entlang der Vorderseite des Hauses erstreckte. Hinter diesem Vorhang bewegten sich Schatten – Schatten von Frauen – und plötzlich ertönte die Musik eines Koto in die Nacht hinaus. So lieblich und süß war das Spiel, dass Itō kaum seinen Sinnen trauen wollte. Ein schläfriges Wonnegefühl überkam ihn, während er lauschte - eine Wonne, die auf seltsame Weise mit Traurigkeit gemischt war. Er fragte sich voll Erstaunen, ob die Spielende wirklich eine Frau sein könne, und fragte sich sogar, ob er in der Tat Musik von dieser Welt höre, denn sein Blut war von diesem Klang wie verzaubert.

Die sanfte Musik verklang, und fast im gleichen Augenblick stand die kleine Miya Dzukai wieder neben Itō. „Herr", sagte sie, „man bittet Euch, einzutreten." Sie führte ihn in die Vorhalle, wo er seine Sandalen ablegte. Eine alte Frau, die er für die Rōjo, die Matrone des Hauses, hielt, kam ihm entgegen, um ihn auf der Schwelle zu begrüßen. Diese alte Frau führte ihn dann durch viele Zimmer in einen großen und gut erleuchteten Raum. Sich mehrfach respektvoll verneigend bat sie ihn, den Ehrenplatz einzunehmen, der vornehmen Gästen zukomme. Er war durch die Vornehmheit des Zimmers und die eigenartige Schönheit seiner Ausschmückung überrascht, und als nun einige Dienerinnen Erfrischungen brachten, bemerkte er, dass die Tassen und alle andern Gefäße, die ihm vorgesetzt wurden von seltener und kostbarer Arbeit waren, geschmückt mit einem Abzeichen, das den hohen Rang ihres Besitzers bewies. Immer größer wurde seine Neugier, und er wollte nun wissen, welch vornehmer Mann hier in die Einsamkeit geflüchtet war und welches Ereignis ihn dazu getrieben hatte. Aber plötzlich unterbrach die alte Frau seine Überlegungen mit der Frage:

„Gehe ich recht in der Annahme, dass Ihr Itō Sama aus Uji seid, – Itō Tatéwaki Norisuké?"

Itō verneigte sich zustimmend. Er hatte seinen Namen der kleinen Miyo Dzukai nicht genannt, und die Art und Weise, wie ihm die Frage gestellt wurde, versetzte ihn in Erstaunen.

„Haltet meine Frage nicht für aufdringlich", fuhr die Alte fort. „Eine alte Frau wie ich kann wohl so manche Frage stellen, ohne unpassend neugierig zu sein. Als ihr in das Haus tratet, kam mir Euer Gesicht bekannt vor, und ich frage nur nach Eurem Namen, um jeden Zweifel zu verscheuchen, bevor wir unser Gespräch auf andere Themen richten. Ich habe Euch einiges zu erzählen. Da ihr oft durch dieses Dorf kommt, hat Euch eines Tages unsere junge Himégimi-Sama[36] gesehen. Seit diesem Augenblick hat sie Tag und Nacht an Euch gedacht. Sie ist darüber krank geworden, und wir waren in großer Sorge um sie. Aus diesem Grunde bemühte ich mich, Euren Namen und Euren Wohnort in Erfahrung zu bringen. Ich war gerade dabei, Euch einen Brief zu senden, als Ihr ganz unerwartet mit der kleinen Dienerin zum Tor hereinkamt. Ich kann Euch nicht sagen, wie glücklich ich bin. Dieser Zufall erscheint fast zu schön, um wahr zu sein. Wahrlich, ich glaube, dieses Zusammentreffen muss von dem Enmusubi-no-Kami, dem großen Gott von Izumo, der den Knoten des glücklichen Bundes knüpft, begünstigt sein. Und da ein so glückliches Schicksal Euch hier hergeführt hat, werdet Ihr vielleicht nicht abgeneigt sein – wenn einer solchen Vereinigung kein Hindernis im Wege steht – das Herz unserer Himégimi-Sama zu erfreuen?"

Im ersten Moment fehlten Itō die Wirte. Wenn die alte Frau die Wahrheit sprach, bot sich ihm eine außergewöhnliche Chance. Nur eine große Leidenschaft konnte die Tochter eines vornehmen Hauses dazu bewegen, die Liebe eines unbekannten Samurai zu suchen, der weder Reichtümer noch Perspektiven besaß. Anderseits widersprach es der ehrenhaften Natur eines Mannes, aus einer weiblichen Schwäche Vorteil zu ziehen. Überdies waren die ganzen Umstände beunruhigend geheimnisvoll. Doch es bereitete ihm große Sorge, wie er diesem unerwarteten Angebot ausweichen könne. Nach kurzem Schweigen erwiderte er:

»Es würde kein Hindernis im Wege stehen, da ich keine Frau und keine Braut habe und überhaupt keinerlei Beziehungen zu irgendeiner Frau. Bisher habe ich bei meinen Eltern gelebt, und niemals haben sie über meine Heirat gesprochen. Ihr müsst wissen, dass ich ein armer Samurai bin, der keinen Vornehmen als Gönner hat. Ich wollte nicht heiraten, bevor sich nicht meine Lage verbessert hätte. Was Euren Vorschlag betrifft, mit dem Ihr mir so große Ehre erweist, so kann ich nur sagen,

[36] Ein kaum übersetzbarer Ehrentitel zusammengesetzt aus dem Wort himé (Prinzessin) und kimi (Herrscher, Herr oder Herrin, Adeliger oder Adelige, etc).

dass ich mich der Liebe einer vornehmen Jungfrau für unwürdig halte."

Die alte Frau lächelte, als gefielen ihr diese Worte, und sie erwiderte:

„Es ist besser, Eure Entscheidung erst zu treffen, wenn Ihr unsere Himégimi-Sama gesehen habt. Vielleicht werdet Ihr dann keinen Augenblick zögern. Kommt jetzt bitte mit mir, denn ich möchte Euch ihr vorstellen."

Sie führte ihn in einen andern großen Raum wo man Vorbereitungen für ein Fest getroffen hatte. Nachdem sie ihm den Ehrenplatz angewiesen hatte, ließ sie ihn einen Augenblick allein. Sie kehrte in Begleitung der Himégimi-Sama zurück, und beim ersten Anblick dieser jungen Frau spürte Itō den seltsamen Schauer von Staunen und Wonne, der ihn im Garten überkommen hatte, als er der Musik des Kotos lauschte. Ein so wundervolles Wesen hatte er sich auch in seinen Träumen nicht vorstellen können. Licht schien von ihrer Gestalt auszuströmen und ihre Gewänder zu durchdringen, so wie das Licht des Mondes durch seidige Wolken scheint. Das lose herabhängende Haar umwehte sie, wenn sie sich bewegte, wie die Zweige der Hängeweide vom Hauch des Frühlings geschaukelt werden. Ihre Lippen waren wie Pfirsichblüten, mit Morgentau besprengt. Itō war bezaubert von diesem Anblick. Er fragte sich, ob er nicht die Gestalt der Amano-kawara-no-Ori-Himé selber vor sich sehe – der Jungfrau, die an dem leuchtenden Strom des Himmels wohnt.

Lächelnd wandte sich die alte Frau der jungen zu, die wortlos stehen blieb, mit niedergeschlagenen Augen und errötenden Wangen, und sagte:

„Sieh, mein Kind, in dem Moment, als wir am wenigsten darauf hofften, kam er, den du zu sehen wünschtest, ganz von selber hierher. Ein derart glückliches Ereignis kann nur durch den Willen der hohen Götter zustande gekommen sein. Wenn ich nur daran denke, muss ich vor Freude weinen." Und sie schluchzte laut. „Aber nun", fuhr sie fort und wischte die Tränen mit ihrem Armel ab, „könnt ihr euch verloben und euer Hochzeitsfest vorbereiten, wenn euer Wille dem nicht entgegensteht, was ich nicht glaube."

Itō erwiderte kein Wort: das unvergleichliche Bild vor ihm hatte seinen Willen gelähmt und seine Zunge gebunden. Dienerinnen betraten den Raum mit Speisen und Getränken. Das Hochzeitsfest nahm seinen Anfang und die Gelübde wurden ausgetauscht. Dennoch fühlte sich Itō wie betäubt. Dieses wunderbare Abenteuer und die berauschende Schönheit der Braut hielten ihn im Bann. Eine Freude, wie er sie nie gekannt hatte, erfüllte sein Herz und ließ es verstummen. Doch allmählich wurde er ruhiger und war nun imstande, sich ohne Verlegenheit zu unterhalten. Er sprach dem Weine eifrig zu und wagte jetzt, in einer ironisierenden, aber heiteren Weise, über die Zweifel und Sorgen zu sprechen, die ihn bedrückt hatten. Doch die Braut blieb still wie Mondlicht, schlug niemals ihre Augen auf und antwortet höchstens mit einem Erröten oder einem Lächeln wenn er sich zu ihr wandte.

Itō sprach zu der Haushälterin:

„Oft bin ich auf meinen einsamen Wanderungen durch dies Dorf gekommen, ohne etwas von diesem schönen Haus zu erahnen. Seit ich hier eingetreten bin, beschäftigt mich die Frage, warum dieser vornehme Haushalt sich so in die Einsamkeit zurückgezogen hat… Nun, da Eure Herrin und ich uns ein einander verlobt haben, erscheint es mir ungewöhnlich, dass ich den Namen ihrer erhabenen Familie noch nicht kenne."

Bei diesen Worten glitt ein Schatten über das gütige Gesicht der alten Frau, und die Braut erbleichte und schien von einer schmerzlichen Sorge erfasst. Nach einigen Momenten des Schweigens erwiderte die alte Frau:

„Es würde wohl schwierig sein, Euch unser Geheimnis vorzuenthalten, und ich meine, Ihr sollt die Wahrheit erfahren, nun, da Ihr einer der Unseren seid. So wisset denn, Herr Itō, dass Eure Braut die Tochter Shigéhira-Kyōs ist, des großen und unglücklichen Sanmi Chujō."

Als sie die Worte „Shigéhira-Kyō, San-mi Chujō" aussprach, lief dem Jüngling ein eiskalter Schauder durch die Adern. Shigéhira-Kyō, der große Héiké-General und Staatsmann, war schon seit Jahrhunderten Staub und Asche. Und Itō begriff plötzlich, dass alles um ihn herum – das Zimmer, die Kerzen und das Festmahl – ein Traum der Vergangenheit war, dass die Gestalten vor seinem Auge keine Menschen, sondern Schatten von Toten waren.

Doch im nächsten Moment war der eisige Schauder verflogen und der Zauber umfing ihn von neuem und schien sich noch zu vertiefen, und er fühlte keine Furcht. Obwohl seine Braut aus Yomi zu ihm gekommen war, dem Orte der gelben Quellen des Todes, hatte er sein Herz an sie verloren. Wer einen Geist zur Frau nimmt, muss selber ein Geist werden – und doch war er gern bereit zu sterben. Lieber wollte er mehrfach den Tod erleiden, als mit Worten oder Blicken einen Gedanken verraten, der einen Schatten des Kummers auf das schöne Antlitz vor ihm werfen könnte. An der ihm dargebrachten Liebe zweifelte er nicht. Man hatte ihm die Wahrheit gesagt in einem Augenblick, da irgendein liebloser Zweck viel besser durch eine Lüge erreicht worden wäre. Aber diese Gedanken verflogen schnell, und er war entschlossen, das Wunder so hinzunehmen, wie es sich ihm dargeboten hatte und ganz so zu handeln, wie er es getan haben würde, wenn er in den Jahren Jü-eis von Shigéhiras Tochter auserwählt worden wäre.

„Ja, ein beklagenswertes Geschick!" rief er, „ich habe von dem traurigen Schicksal des erhabenen Shigéhira gehört."

„Ja", erwiderte die alte Frau schluchzend, „es war in der Tat ein trauriges Geschick. Sein Ross wurde durch einen Pfeil getötet, wie ihr wisst, und begrub ihn unter sich, und als er um Hilfe rief, verließen ihn alle, die von seiner Großmut gelebt hatten, in seiner Not. Da wurde er gefangen genommen und nach Kamakura geschickt, wo sie ihn schändlich behandelten und ihn schließlich töteten.[37] Sein Weib und sein Kind

[37] Shigéhira wurde, nachdem er die vom Héiké-Clan gehaltene Hauptstadt tapfer verteidigt hatte, von Yoshitsuné, dem Anführer der Minamoto-Truppen, überrascht und gestellt. Ein Soldat namens Iyénaga, der ein hervorragender Bogenschütze war, schoss Shigéhiras Pferd nieder und Shigéhira fiel unter das stolpernde Tier. Er forderte einen Begleiter auf, ihm ein neues Pferd zu bringen, doch dieser flüchtete. Shigéhira wurde sodann von Iyénaga gefangengenommen und Yoritomo übergeben, der ihn in einem Käfig nach Kamakura bringen ließ. Dort wurde er, nach anfänglichen Erniedrigungen, eine Zeitlang rücksichtsvoll behandelt, nachdem es ihm gelang, das grausame Herz des Yoritomo mit einem chinesischen Gedicht zu berühren. Doch im folgenden Jahr

– diese Jungfrau hier – mussten sich versteckt halten, denn überall suchte man nach den Héiké und tötete sie. Als die Kunde von Shigéhiras Tod zu uns drang, erlag die Mutter ihrem Schmerz, und das Kind hatte niemanden mehr als mich, da ihre Verwandten alle umgekommen oder verschwunden waren. Sie war damals erst fünf Jahre alt. Ich war ihre Amme gewesen und tat für sie, was ich konnte. Jahr für Jahr wanderten wir von Ort zu Ort, im Pilgergewande… Aber ich will nicht länger von jenen schlimmen Zeiten erzählen", rief die Amme und wischte die Tränen ab, „verzeiht dem törichten Herzen eines alten Weibes, das die Vergangenheit nicht vergessen kann. Seht! das kleine Mädchen, das ich aufzog, ist jetzt selber eine Himégimi-Sama geworden! Lebten wir in den guten Tagen des Kaisers Takakura, so wäre ihr ein gar herrliches Geschick beschieden! Nun aber hat sie den Gatten bekommen, den sie wünschte, und das ist das größte Glück… Doch es ist schon spät. Das Brautgemach ist vorbereitet und jetzt müsst ihr bis morgen mit einander vorlieb nehmen."

Sie erhob sich, und indem sie die Vorhänge zurückschlug, die dieses Zimmer von dem angrenzenden trennten, führte sie das junge Paar in das Schlafgemach. Sie verließ die beiden unter vielen herzlichen Glückwünschen, und Itō war mit seiner Braut allein.

Als sie nebeneinander lagen, sagte Itō:

„Sag mir, meine Liebste, wann ist zuerst der Wunsch in dir erwacht, mich zum Gemahl zu haben?"

(Denn da alles so wirklich erschien, dachte er fast gar nicht mehr daran, dass alles nur eine Illusion war.)

Sie antwortete mit einer Stimme wie Taubengurren:

„Mein erhabener Herr und Gemahl, im Tempel Ishiyamas habe ich dich zum ersten Mal gesehen. Und als ich dich sah, verwandelte sich für mich die ganze Welt. Aber du weißt es nicht mehr, denn unsere Begegnung fand nicht in diesem, deinem gegenwärtigen Leben statt, sondern sehr, sehr lange Zeit vorher. Seit jener Zeit hast du viele Tode und Geburten erlebt und bist in manchem stattlichen Körper gewesen.

---

wurde er auf Geheiß der buddhistischen Priester von Nanto hingerichtet, gegen die er früher im Dienste von Kiyomori einen Krieg geführt hatte.

Ich aber bin immer die geblieben, die du hier vor dir siehst. Ich konnte keinen andern Körper bekommen und auch in keine andere Existenz übergehen, weil meine Liebe zu dir so groß war. Mein Herr und Gemahl, ich habe viele Menschenalter hindurch auf dich gewartet."

Der Bräutigam erschrak, als er diese seltsamen Worte hörte, aber er hatte in diesem Leben nur noch den einen Wunsch, sich von ihren Armen umschlungen zu fühlen und ihre liebkosende Stimme zu hören.

Aber der Klang einer Tempelglocke verkündete das Nahen des Morgens. Vögel begannen zu zwitschern, der Morgenwind wisperte in den Bäumen. Plötzlich schob die alte Amme die Vorhänge des Brautgemachs beiseite und rief:

„Meine Kinder, es ist Zeit, euch zu trennen. Bei Tageslicht dürft ihr nicht zusammen sein, auch nicht für einen Augenblick. Das könnte schlimme Folgen haben. Jetzt müsst ihr euch Lebewohl sagen."

Wortlos machte Itō sich zum Aufbruch bereit. Er verstand die Warnung und ergab sich in sein Schicksal. Sein Wille gehörte ihm nicht mehr, er hatte nur den Wunsch, seiner Geisterbraut Freude zu machen.

Sie legte in seine Hand einen kleinen Suzuri, einen Tintenstein, seltsam geschnitten, und sagte:

„Mein junger Herr und Gemahl ist ein Gelehrter, deshalb wird er diese kleine Gabe wahrscheinlich nicht verschmähen. Sie ist von seltsamer Form, weil sie alt ist. Mein Vater bekam sie als Gnadengeschenk von Kaiser Takakura. Und aus diesem Grund halte ich diesen Stein für etwas sehr Kostbares."

Itō aber bat sie, von ihm zur Erinnerung die Kogai[38] seines Schwertes anzunehmen, die in Einlegearbeit mit goldenen und silbernen Pflaumenblüten und Nachtigallen verziert waren.

---

[38] Dies war die Bezeichnung für ein Paar von Metallstäben, die an der Schwertscheide befestigt waren und wie Essstäbchen benutzt wurden. Sie waren manchmal reich verziert.

Dann kam die kleine Miya Dzukai, um ihn durch den Garten zu führen, und seine Braut und ihre Pflegemutter gaben ihm bis an die Schwelle das Geleit.

Als er sich umdrehte, um ihnen seinen Abschiedsgruß zuzuwinken, sagte die alte Frau:

„Wir werden uns im Jahre des Ebers wieder begegnen, zur selben Stunde desselben Tags des gleichen Monats, an dem du diesmal hierhergekommen bist. Da dies das Jahr des Tigers ist, wirst du zehn Jahre warten müssen. Aber aus Gründen, die ich dir nicht nennen darf, können wir uns nicht wieder an diesem Orte treffen. Wir begeben uns in die Nähe Kyōtos, wo der gute Kaiser Takakura und unsere Väter und viele von unserem Volke wohnen. Alle Héiké werden sich über dein Kommen freuen. Wir werden dir an dem festgesetzten Tage eine Kago[39] schicken."

Über dem Dorf glühten die Sterne, als Ito das Tor durchschritt, doch als er auf den breiten Weg kam, sah er hinter schweigenden Feldern den Tag erwachen. An seiner Brust trug er das Geschenk seiner Braut. Der Zauber ihrer Stimme klang ihm noch im Ohr, aber hätte er dieses Andenken nicht mit seinen zitternden Fingern fühlen können, so würde er sich selbst überredet haben, dass die Erinnerungen der Nacht nur Träume seien und dass sein Leben noch ihm gehörte.

Aber die Gewissheit, dass er sich selbst zum Tode verurteilt hatte, erweckte kein Bedauern in ihm. Ihn schmerzten nur die Trennung und der Gedanke, dass Jahre vergehen würden, bis die Ereignisse sich wiederholen würden. Zehn Jahre! Und jeder Tag in diesen Jahren würde endlos lang erscheinen! Und er konnte nicht hoffen, das Geheimnis der langen Wartezeit zu ergründen, denn nur die Götter kennen die geheimen Wege der Toten.

Wieder und wieder besuchte Itō bei seinen Spaziergängen das Dorf am Kotobikiyama, in der unbestimmten Hoffnung noch irgendeine andere Erinnerung an das Vergangene zu

[39] Eine Art Sänfte.

finden. Aber niemals wieder konnte er das einfache Tor in dem schattigen Pfade, oder die Gestalt der kleinen Miya Dzukai erspähen, die allein in der Abendröte umherwanderte.

Die Dorfbewohner, die er vorsichtig befragte, hielten ihn für verhext. Keine vornehmen Leute hätten jemals in dieser Ansiedlung gewohnt, sagten sie. Und in der ganzen Nachbarschaft habe niemals ein solches Haus gestanden, wie er es beschreibe. Es hätte sich aber früher ein großer Buddhatempel nahe dem Ort befunden, von dem er spreche, und einige Grabsteine des Tempelfriedhofs seien noch zu sehen. Itō entdeckte die Steine mitten im Dickicht. Sie waren von alter chinesischer Form und mit Moos und Flechten bedeckt. Die eingegrabenen Schriftzeichen konnte man nicht mehr entziffern.

Itō sprach mit niemandem von seinem Abenteuer. Aber Freunde und Verwandte bemerkten bald eine starke Veränderung in seinem Aussehen und seinem Wesen. Jeden Tag schien er blasser und schmaler zu werden, obwohl die Ärzte erklärten, dass er kein körperliches Leiden habe. Er sah aus wie ein Geist und bewegte sich wie ein Schatten. Nachdenklich und verschlossen war er immer gewesen, aber jetzt erschien er gegen alles gleichgültig, was ihm früher Freude bereitet hatte, auch gegen die wissenschaftlichen Studien, durch die er vielleicht Auszeichnung zu erlangen gehofft hatte. Seiner Mutter, die in der Hoffnung lebte, dass eine Ehe seinen früheren Ehrgeiz wieder entfachen werde, sagte er, er habe versprochen, keine lebende Frau zu heiraten. Und die Monate verstrichen.

Endlich kam das Jahr des Ebers und die Herbstzeit, aber Itō konnte die einsamen Wanderungen, die er so liebte, nicht mehr machen. Er konnte sich nicht einmal mehr von seiner Schlafstatt erheben. Sein Leben schwand dahin, obwohl niemand die Ursache erraten konnte. Er schlief so tief und so lange, dass man ihn oftmals schon gestorben wähnte.

Aus einem solchen Schlaf wurde er an einem hellen Abend durch die Stimme eines Kindes aufgeschreckt, und er sah neben seinem Bett die kleine Miya Dzukai, die ihn vor zehn Jahren an jenes Haus geführt hatte. Sie begrüßte ihn lächelnd und sagte: „Ich habe den Auftrag bekommen, Euch zu sagen, dass man Euch heute Nacht in Ohara bei

Kyōto erwartet, wo das neue Heim ist. Man wird euch mit einer Kago abholen lassen.“ Danach entfernte sie sich.

Itō wusste, dass er sich jetzt vom Licht der Sonne verabschieden musste, aber die Botschaft erfüllte ihn mit so großer Freude, dass er die Kraft fand, sich aufzurichten und seine Mutter zu rufen. Und nun erzählte er ihr zum ersten Mal die Geschichte seiner Vermählung und zeigte ihr den Tintenstein, den man ihm gegeben hatte. Er bat darum, diesen Stein in sein Grab zu legen, und dann starb er.

Der Tintenstein wurde mit ihm begraben. Doch vor Beginn der Begräbniszeremonie wurde er von Fachleuten geprüft. Diese sagten, dass er in der Zeit Jō-ans gefertigt sei und das Siegel eines Künstlers trage, der zur Zelt Kaiser Takakuras gelebt habe.

Die Geschichte von Kwashin Koji[40]

Während der Tenshō-Periode[41] lebte in einem der nördlichen Bezirke Kyōtos ein alter Mann, der Kwashin Koji genannt wurde. Er trug einen langen weißen Bart und kleidete sich wie ein Shintō-Priester. Seinen Unterhalt verdiente er jedoch, indem er buddhistische Bilder ausstellte und die buddhistische Glaubenslehre predigte. Jeden Tag ging er auf das Gelände des Gion-Tempels, um dort ein großes Kakemono, auf dem die Qualen der Hölle abgebildet waren, an einigen Bäumen aufzuhängen. Dieses Kakemono war so wunderbar gemalt, dass alle dargestellten Gegenstände sehr real erschienen. Der alte Mann sprach zu den Leuten, die sich vor dem Bild versammelten und erklärte ihnen das Gesetz von Ursache und Wirkung. Dabei zeigte er mit einem buddhistischen Stab, den er immer bei sich trug, auf jedes Detail der Peinigungen und ermahnte jeden, den Lehren Buddhas zu folgen. Große Menschenmengen versammelten sich, um das Bild zu sehen und um die Gebete des alten Mannes zu hören. Manches Mal war die Matte, die er vor sich ausbreitete, um Spenden zu erhalten, überhäuft mit Münzen.

Zu dieser Zeit herrschte Oda Nobunaga über Kyotō und die angrenzenden Provinzen. Einer seiner Gefolgsleute, der sich Arakawa nannte, sah das ausgestellte Bild während eines Besuchs im Gion-Tempel und berichtete nach seiner Rückkehr in den Palast darüber. Nobunagas Interesse wurde durch Arakawas Erzählung geweckt. Er übermittelte Kwashin Koji den Befehl, unverzüglich zum Palast zu kommen und das Bild mitzubringen.

Als Nobunaga das Kakemono sah, konnte er seine Überraschung über die Lebhaftigkeit der Darstellung nicht verbergen. Die Dämonen und die gequälten Geister schienen sich vor seinen Augen zu bewegen, er

[40] Aus dem seltsamen alten Buch Yasō-Kidan.

[41] Die Tanshō-Periode dauerte von 1573 bis 1591 (n. Chr.). Der große Führer Oda Nobunaga, der in dieser Geschichte auftaucht, starb im Jahre 1582.

hörte Stimmen, die aus dem Bild heraus schrien, und das gemalte Blut schien tatsächlich zu fließen. Er konnte nicht anders, als seinen Finger auf das Bild zu legen, um zu prüfen, ob das Gemälde noch feucht war. Doch sein Finger färbte sich nicht, das Papier war tatsächlich trocken. Mehr und mehr verwundert fragte Nobunaga, wer dieses Gemälde geschaffen habe. Kwashin Koji erwiderte, dass der berühmte Oguri Sōtan[42] es gemalt hatte, nachdem dieser hundert Tage lang die Riten der Selbstreinigung vollzogen, streng gefastet und in aufrichtigen Gebeten die göttliche Kwannon des Kiyomizu-Tempels um Inspiration angerufen hatte.

Als Arakawa das große Interesse Nobunagas am Besitz des Kakemonos registrierte, fragte er Kwashin Koji, ob dieser es nicht als Geschenk an den großen Herrscher „opfern" wolle. Doch der alte Mann erwiderte geradeheraus: „Dieses Gemälde ist das einzig Wertvolle, das ich besitze, und ich kann damit etwas Geld verdienen, indem ich es den Leuten zeige. Wenn ich es nun deinem Herrn schenke, beraube ich mich selbst des einzigen Mittels, mit dem ich meinen Lebensunterhalt sichere. Doch wenn der Herr so begierig danach ist, dann lass ihn die Summe von einhundert Gold-Ryō an mich zahlen. Mit dieser Summe als Startkapital kann ich mir ein anderes profitables Geschäft suchen. Falls er nicht dazu bereit ist, kann ich das Bild nicht aufgeben."

Nobunaga war über diese Antwort wenig erfreut, doch er sagte nichts. Sogleich flüsterte Arakawa heimlich etwas in das Ohr seines Herrn, der zustimmend nickte. Kwashin Koji gab man ein kleines Geldgeschenk, bevor man ihn fortschickte.

Als der alte Mann den Palast verließ, folgte Arakawa ihm heimlich, auf eine Gelegenheit hoffend, in den Besitz des Bildes zu gelangen. Schon bald ergab sich diese Gelegenheit, als Kwashin Koji sich auf einen langen Weg machte, hinauf zu den Hügeln außerhalb der Stadt. Als er einen einsamen Ort am Fuße der Hügel erreichte, an dem die Straße plötzlich eine Biegung machte, packte ihn Arakawa und sagte: „Warum warst du so habgierig. Wie konntest du einhundert Gold-Ryō für dieses Bild verlangen? Anstelle der einhundert Gold-Ryō sollst du nun von

---

[42] Oguri Sōdan war ein großer sakraler Künstler, der Anfang des fünfzehnten Jahrhunderts wirkte. Im Alter wurde er buddhistischer Priester.

mir ein drei Fuß langes Stück Eisen bekommen." Dann zog Arakawa sein Schwert, tötete den alten Mann und nahm das Bild an sich.

Am nächsten Tag präsentierte Arakawa das Kakemono seinem Herrn. Es war noch verpackt, weil Kwashin Koji es eingerollt hatte, bevor er den Palast verließ. Oda Nobunaga befahl, das Bild unverzüglich aufzuhängen. Als das Kakemono entrollt wurde, waren Nobunaga und sein Gefolgsmann erstaunt, dass gar kein Gemälde zu sehen war – nichts als eine leere Fläche. Arakawa konnte nicht erklären, wie das ursprüngliche Bild verschwinden konnte. Da er sich nun – willentlich oder unwillentlich – der Täuschung seines Herrn schuldig gemacht hatte, sollte er dafür bestraft werden. Er wurde zu langer Haft verurteilt.

Kaum war Arakawa aus der Haft entlassen, erreichte ihn die Nachricht, dass Kwashin Koji das berühmte Bild gerade auf dem Gelände des Kitano-Tempels ausgestellt hatte. Arakawa traute seinen Ohren nicht, doch keimte in ihm die Hoffnung, dass er doch noch irgendwie in den Besitz des Kakemonos kommen und damit seinen Fehler wieder gutmachen könne. Schnell versammelte er seine Getreuen um sich und eilte zu dem Tempel. Doch als er diesen erreichte, sagte man ihm, dass Kwashin Koji gerade gegangen sei.

Einige Tage später wurde Arakawa zugetragen, dass Kwashin Koji das Bild nun beim Kiyomizu-Tempel ausstellte und dabei zu einer großen Menschenmenge predigte. In aller Eile begab sich Arakawa nach Kiyomizu, doch er sah nur noch die sich auflösende Menge, Kwashin Koji war erneut verschwunden.

Schließlich konnte Arakawa eines Tages Kwashin Koji in einem Weinladen entdecken, und dort nahm er ihn fest. Der alte Mann lachte nur gutgelaunt, als er gepackt wurde und sagte: „Ich werde mit dir gehen, aber lass mich noch etwas Wein trinken." Arakawa hatte keine Einwände, und Kwashin Koji trank darauf, zum Erstaunen der Umstehenden, zwölf Becher Wein. Nachdem er den zwölften getrunken hatte, war er zufrieden, und Arakawa befahl, ihn zu fesseln und zur Unterkunft Nobunagas zu bringen.

Im Palast angekommen, wurde Kwashin Koji sogleich vor Gericht gestellt und von dem obersten Richter streng ermahnt. Dieser sagte zu ihm: „Es ist erwiesen, dass du die Leute durch magische Handlungen getäuscht hast. Alleine für dieses Vergehen verdienst du eine strenge Bestrafung. Doch wenn du nun bereit bist, das Bild ergeben dem Herrn Nobunaga anzubieten, werden wir noch einmal über deine Verfehlungen hinwegsehen. Andernfalls werden wir dich gewiss mit größter Strenge bestrafen."

Als er diese Drohung hörte, lachte Kwashin Koji verblüfft und rief: „Ich bin es nicht, der sich der Täuschung von Bürgern schuldig gemacht hat.“ Er drehte sich zu Arakawa um und schrie: „Du bist der Betrüger! Du wolltest deinem Herrn schmeicheln, indem du ihm das Kakemono brachtest, und du hast versucht mich zu töten, um in den Besitz des Gemäldes zu gelangen. Wenn es also ein Verbrechen gibt, dann dieses! Glücklicherweise warst du nicht erfolgreich, mich zu töten. Wenn du mich getötet hättest, wie es deine Absicht war, mit welchen Argumenten hättest du diese Handlung begründen wollen? Du hast das Gemälde jedenfalls gestohlen. Das Gemälde, das sich nun in meinem Besitz befindet, ist nur eine Kopie. Nachdem du das Original gestohlen hast, wolltest du es nicht länger deinem Herrn bringen. Du hast stattdessen einen Plan entwickelt, das Gemälde selbst zu behalten. Deshalb hast dem Herrn Nobunaga ein unbemaltes Kakemono gegeben. Um deine eigenen unrechten Handlungen zu verschleiern, hast du mich beschuldigt, das wirkliche Kakemono durch ein unbemaltes ersetzt zu haben. Wo das Original-Gemälde nun ist, das weiß ich nicht. Vielleicht weißt du es ja.“

Diese Worte erzürnten Arakawa sehr. Er lief auf den Gefangenen zu und hätte ihn niedergestreckt, wenn die Wachen ihn nicht daran gehindert hätten. Dieser heftige Wutausbruch ließ nun den Richter vermuten, dass Arakawa nicht gänzlich unschuldig war. Er ließ Kwashin Koji vorübergehend in Haft nehmen und begann damit, Arakawa gründlich zu verhören. Arakawa war ohnehin kein guter Redner und nun, in seiner Aufregung, brachte er kaum ein Wort heraus. Er stammelte herum, widersprach sich selbst und ließ auch sonst das Verhalten eines Schuldigen erkennen. Der Richter ordnete an, dass Arakawa so lange Stockschläge erleiden sollte, bis er bereit war, die Wahrheit zu sagen. Doch Arakawa war nicht mal fähig, den Eindruck zu erwecken, er sage die Wahrheit. Deshalb wurde er so lange mit dem Bambusstock geschlagen, bis er das Bewusstsein verlor und wie tot liegenblieb.

Als man Kwashin Koji im Gefängnis erzählte, wie es Arakawa ergangen war, lachte er. Doch nach einiger Zeit sagte er zu der Wache: „Höre! Dieser Kerl hat sich wirklich wie ein Schurke benommen, und ich habe ihn absichtlich dieser Bestrafung ausgeliefert, um seine bösen Neigungen zu korrigieren. Doch nun sage dem Richter bitte, dass Arakawa die Wahrheit gar nicht wissen konnte und dass ich nun die ganze Geschichte erklären möchte."

Daraufhin wurde Kwashin Koji erneut vor den Richter geführt, wo er folgende Aussage machte: „In jedem wirklich meisterhaften Gemälde gibt es eine Seele. Ein solches Gemälde hat seinen eigenen Willen und wird sich möglicherweise weigern, seinen Schöpfer oder seinen rechtmäßigen Besitzer zu verlassen. Es gibt viele Geschichten, die beweisen, dass meisterhafte Gemälde eine Seele haben. So erzählt man, dass einige Spatzen, die Hogen Yenshin auf eine Schiebetür (Fusuma) gemalt hatte, eines Tages davongeflogen sind und weiße Flächen zurückgelassen haben. Es ist ebenfalls bekannt, dass ein Pferd, das auf ein bestimmtes Kakemono gemalt wurde, eines Nachts das Gemälde verließ, um im Freien zu grasen. Nun, in dem aktuellen Fall glaube ich, dass das Bild freiwillig beim Ausrollen von dem Papier verschwand, da Herr Nobunaga niemals rechtmäßig in den Besitz meines Kakemonos gelangt war. Wenn Ihr mir aber den Preis bezahlt, den ich ursprünglich gefordert hatte – einhundert Gold-Ryō – dann wird das Bild zurückkehren, freiwillig, auf die nun noch weiße Fläche. Lasst es uns auf jeden Fall versuchen! Es gibt kein Risiko, denn, wenn das Bild nicht wieder erscheint, werde ich das Geld zurückgeben."

Als Nobunaga diese seltsame Erklärung hörte, ließ er die einhundert Gold-Ryō auszahlen, und er kam persönlich, um das Ergebnis in Augenschein zu nehmen. Das Kakemono wurde vor ihm aufgerollt, und – zum Erstaunen aller Anwesenden – erschien das Gemälde wieder und zeigte alle Details. Doch die Farben erschienen ein wenig ausgeblichen, und die Seelen und die Dämonen sahen nicht so lebendig aus wie zuvor. Als Nobunaga diesen Unterschied feststellte, bat er Kwashin Koji um eine Erklärung. Dieser antwortete: „Der Wert des Gemäldes, wie

Ihr es ursprünglich gesehen habt, war unermesslich." Doch der Wert des Gemäldes, wie Ihr es nun seht, repräsentiert genau die Summe, die Ihr dafür bezahlt habt – einhundert Gold-Ryō... Wie könnte es anders sein?" Als die Anwesenden die Erklärung hörten, hielten sie es nicht für angebracht, Kwashin Koji noch länger festzuhalten. Er wurde unverzüglich freigelassen, wie auch Arakawa, der seine Vergehen bereits ausreichend gebüßt hatte.

Arakawa hatte einen jüngeren Bruder namens Buichi, der ebenfalls Nobunaga als Gefolgsmann diente. Buichi war zutiefst erbost darüber, dass man Arakawa geschlagen und eingesperrt hatte, und er beschloss, Kwashin Koji zu töten. Kwashin Koji hatte sich, kaum in die Freiheit entlassen, auf direktem Wege zum nächsten Weinladen begeben und Sake bestellt. Buichi rannte ihm in den Laden hinterher, streckte ihn nieder und enthauptete ihn. Er nahm die hundert Gold-Ryō an sich, wickelte den Kopf und das Gold zusammen in ein Laken und eilte nach Hause, um Arakawa zu berichten. Als er jedoch das Bündel auswickelte, fand er nur einen leeren Flaschenkürbis, der wohl einmal Wein enthalten hatte und einen Haufen Unrat anstelle des Goldes. Die Verwunderung des Bruders steigerte sich noch, als er hörte, dass der kopflose Körper aus dem Weinladen verschwunden war, und niemand konnte sagen, wie oder wann dies geschehen war.

Von Kwashin Koji hörte man über einen Monat lang nichts, bis eines Abends ein Betrunkener vor dem Eingangstor von Nobunagas Palast gefunden wurde. Sein lautes Schnarchen klang wie das Grollen eines fernen Donners. Einer von Nobunagas Gefolgsmännern erkannte Kwashin Koji. Für dieses freche Vergehen wurde der alte Mann unverzüglich bestraft und in das Gefängnis geworfen. Bei seiner Festnahme erwachte er nicht, und er setzte seinen tiefen Schlaf fort, mehr als zehn Tage und Nächte, und er schnarchte dabei so laut, dass man es in weiter Entfernung hören konnte.

Zu dieser Zeit starb Nobunaga nach einem niederträchtigen Angriff eines seiner Heerführer, Akechi Mitsuhide, der daraufhin die Macht an sich riss. Doch Mitsuhides Macht sollte nur zwölf Tage währen.

Als Mitsuhide die Herrschaft über Kyōto erlangte, erzählte man ihm von Kwashin Koji, den er daraufhin zu sich bringen ließ. Als Kwashin

Koji vor ihm stand, sprach der Herrscher freundlich zu ihm. Er behandelte ihn wie einen Gast und befahl, ihm ein prächtiges Abendessen zu servieren. Nachdem der alte Mann gegessen hatte, sprach Mitsuhide zu ihm: „Ich habe gehört, dass Ihr gerne Wein trinkt. Wieviel Wein könnt Ihr an einem Abend trinken?" Kwashin Koji antwortete: „Ich weiß wirklich nicht, wie viel ich trinken kann. Ich höre erst dann auf zu trinken, wenn ich den Rausch spüre." Daraufhin ließ der Herrscher einen großen Sake-Becher[43] vor Kwashin Koji stellen, und er forderte einen Diener auf, den Becher so oft zu füllen, wie der alte Mann es wünschte. Kwashin Koji leerte den Becher zehnmal und wollte noch mehr, doch der Diener musste gestehen, dass der Weinvorrat erschöpft war. Alle Anwesenden waren erstaunt ob der Trinkfestigkeit des alten Mannes. Der Herrscher fragte Kwashin Koji: „Mein Herr, seid Ihr noch nicht zufrieden?" „Nun ja", antwortete Kwashin Koji, „ich bin schon zufrieden, und nun werde ich als Dank für Eure erhabene Güte ein wenig von meiner Kunst vorführen. Seid so gut, und schaut auf diesen Schirm." Er zeigte auf einen großen, achtfach gefalteten Wandschirm, auf dem die acht schönen Ansichten des Omi-Sees (Omi-Hakkei) gemalt waren, und jeder starrte wie gebannt auf den Schirm. In einer der Ansichten hatte der Künstler weit draußen auf dem See einen Mann in einem Boot gemalt, wobei das Boot auf dem Schirm nur wenig mehr als ein Inch lang war. Dann wedelte Kwashin Koji mit seiner Hand in Richtung des Bootes, und alle sahen, dass das Boot plötzlich wendete und sich auf den Vordergrund des Bildes zu bewegte. Es wurde schnell größer als es sich näherte, und bald konnte man die Gesichtszüge des Bootsmannes klar erkennen. Das Boot kam immer noch näher, immer größer werdend, bis es bis es ganz nah war. Und plötzlich schien das Wasser des Sees überzuquellen, aus dem Gemälde heraus in den Raum. Der Boden des Raumes wurde überflutet, und die Anwesenden rafften ihre Gewänder, als sie knietief im Wasser standen. Im gleichen Moment schien das Boot aus dem Wandschirm zu gleiten, ein wirkliches Fischerboot, und das Knarren eines Ruders war zu hören. Das Wasser

---

[43] Der Begriff „Schüssel" würde das Gefäß besser beschreiben, von dem der Erzähler der Geschichte spricht. Einige der sogenannten Becher, die bei Festen verwendet wurden, waren sehr groß – lackierte Becken, die deutlich mehr als ein Viertel aufnehmen konnten. Einen dieser großen Behälter in einem Zug zu leeren, galt als nicht unerhebliche Leistung.

stieg weiter an, und schließlich standen die Zuschauer bis zur Hüfte im Wasser. Das Boot näherte sich Kwashin Koji, der sogleich hineinstieg. Der Bootsmann drehte ab und begann, schnell davonzurudern. Als das Boot sich entfernte, sank der Wasserspiegel im Raum wieder, das Wasser schien in den Wandschirm zurück zu fließen. Kaum hatte das Boot den Vordergrund des Bildes verlassen, schon war der Raum wieder trocken. Doch das Boot schien immer noch über das gemalte Wasser zu gleiten, weiter in die Ferne fahrend und immer kleiner werdend, um schließlich ganz in einem Punkt in der offenen See zu verschwinden. Als das Boot verschwand, verschwand Kwashin Koji mit ihm. Er wurde nie wieder in Japan gesehen.

Die Geschichte von Umétsu Chūbei[44]

Umétsu Chūbei war ein junger Samurai, der sich durch große Stärke und Mut auszeichnete. Er war in Diensten des Herrn Tomura Jūdayū, dessen Schloss sich auf einem Hügel in der Nähe von Yokote in Provinz Dewa befand. Die Häuser der Gefolgsleute des Gebieters schmiegten sich an den Fuß des Hügels und bildeten eine kleine Stadt.

Umétsu war einer derjenigen, die Nachtwache am Eingangstor des Schlosses halten mussten. Es gab zwei Schichten für die Nachtwache. Die erste begann bei Sonnenuntergang und endete um Mitternacht. Die zweite begann um Mitternacht und endete bei Sonnenaufgang.

Einmal, als Umétsu zur zweiten Schicht eingeteilt war, erlebte er ein seltsames Abenteuer. Während er den Hügel hinaufstieg, um seinen Wachposten einzunehmen, bemerkte er eine Frau, die ganz oben an der letzten Biegung der Straße stand, die zum Schloss führte. Sie schien ein Kind in ihren Armen zu halten und auf jemanden zu warten. Es mussten schon sehr außergewöhnliche Umstände sein, die die Anwesenheit einer Frau zu derart später Stunde an einem so einsamen Ort erklären konnten. Umétsu erinnerte sich daran, dass Kobolde nach Anbruch der Nach gewöhnlich weibliche Gestalt annehmen, um Menschen zu täuschen und zu schädigen. Deshalb zweifelte er daran, dass die Frau, die vor ihm stand, wirklich ein menschliches Wesen war. Als er sie auf sich zueilen sah, wollte er eigentlich wortlos an ihr vorbeilaufen. Er blieb jedoch überrascht stehen, als sie ihn beim Namen rief und mit lieblicher Stimme sagte: „Lieber Herr Umétsu, heute Nacht plagen mich große Sorgen, und ich muss eine schmerzhafte Pflicht erfüllen. Würdet Ihr so freundlich sein und mir helfen, indem Ihr einen kurzen Moment diesen Säugling haltet?" Und sie hielt ihm das Kind entgegen.

Umétsu misstraute der Frau, die sehr jung zu sein schien. Der Liebreiz der Stimme schien ihm verdächtig. Er befürchtete, dass die Frau ihm

[44] Aus dem Bukkyō-Hyakkwa-Zenshō

eine übernatürliche Falle stellen wollte. Er befürchtete alles Erdenkliche – doch er war von Natur aus ein höflicher Mensch, und er wollte seine Hilfsbereitschaft nicht durch Angst vor Kobolden beeinträchtigt sehen. Ohne ein Wort zu erwidern, nahm er das Kind entgegen. „Bitte haltet es fest, bis ich zurückkehre", sagte die Frau, „ich werde sehr bald zurück sein." „Ich werde es festhalten" antwortete er. Sofort wendete sich die Frau von ihm ab und sprang so geräuschlos, leichtfüßig und schnell den Hang hinab, dass er seinen Augen nicht trauen wollte. Nach wenigen Sekunden war sie seinen Blicken entschwunden.

Nun erblickte Umétsu zum ersten Mal das Kind. Es war sehr klein und schien gerade erst zur Welt gekommen zu sein. Es bewegte sich nicht in seinen Armen und gab keinen Laut von sich.

Doch plötzlich schien es zu wachsen. Er schaute es erneut an… Nein, es war immer noch dieses kleine Wesen, und es hatte sich nicht einmal bewegt. Warum hatte er geglaubt, es wäre gewachsen?

Im nächsten Moment wusste er warum, und ein kalter Schauer kam über ihn. Das Kind war nicht gewachsen, doch es war schwerer geworden… Zunächst schien es nur sieben oder acht Pfund gewogen zu haben, dann stieg das Gewicht allmählich an, es verdoppelte, verdreifachte, vervierfachte sich. Nun wog es mindestens fünfzig Pfund, und es wurde immer schwerer… hundert Pfund! – einhundertfünfzig! – zweihundert!... Umétsu wusste nun, dass er getäuscht worden war. Er hatte nicht mit einer sterblichen Frau gesprochen, und das Kind war kein menschliches Wesen. Doch er hatte ein Versprechen gegeben, und ein Samurai war an sein Wort gebunden. Deshalb behielt er das Kind in seinen Armen, während es schwerer und schwerer wurde… zweihundertfünzig! – dreihundert! – vierhundert Pfund!... Er konnte sich nicht vorstellen, was noch passieren würde. Doch er entschied, seiner Angst nicht nachzugeben und das Kind so lange festzuhalten, wie seine Kräfte dies zuließen… Fünfhundert! – fünfhundertfünfzig! – sechshundert Pfund! All seine Muskeln zitterten unter der Anstrengung – und immer noch stieg das Gewicht… „Namu Amida Butsu!", ächzte er – „Namu Amida Butsu! – Namu Amida Butsu!" Gerade als er das Bittgebet zum dritten Male ausgesprochen hatte, fiel die Last blitzartig von ihm ab, und er stand verblüfft und mit leeren Händen da. Das Kind war auf unerklärliche Weise verschwunden. Doch fast im gleichen Moment sah er die geheimnisvolle Frau zurückkehren. Sie kam so plötzlich, wie sie verschwunden war. Schwer atmend näherte sie sich ihm, und zum ersten Mal sah er, wie schön sie war. Doch ihre Augenbrauen tropften von Schweiß, und ihre Ärmel waren mit Tasuki-Schnüren zurückgebunden, so als hätte sie gerade schwere Arbeit verrichtet.

„Lieber Herr Umétsu", sagte sie, „Ihr wisst nicht, welch großen Gefallen Ihr mir getan habt. Ich bin die Ujigami[45] dieses Ortes. Heute Nacht erlitt eine meiner Ujiko die Schmerzen einer Kindesgeburt, und sie rief mich um Hilfe an. Doch die Aufgabe erwies sich als schwierig, und schon bald musste ich feststellen, dass ich alleine die Frau nicht retten konnte. Deshalb hoffte ich auf die Unterstützung durch Euren Mut und Eure Kraft. Das Kind, das ich in Eure Hände legte, war das ungeborene Kind. Als Ihr zum ersten Mal spürtet, wie das Gewicht zunahm, war die Gefahr groß, denn das Tor der Geburt war geschlossen. Und als Ihr glaubtet, das Kind nicht länger halten zu können, schien die Mutter zu sterben, und die Familie begann um sie zu weinen. Dann habt Ihr dreimal das Gebet wiederholt, Namu Amida Butsu! – und als Ihr es zum dritten Mal ausgesprochen hattet, kam uns die Macht unseres Herrn Buddha zu Hilfe, und das Tor der Geburt öffnete sich… Für das was Ihr getan habt, sollt Ihr angemessen belohnt werden. Für einen tapferen Samurai gibt es keinen nützlicheren Lohn als Stärke. Deshalb soll Euch große Stärke gegeben werden, nicht nur Euch, auch Euren Kindern und Kindeskindern."

Mit diesem Versprechen verschwand die Gottheit.

Zutiefst verwundert machte sich Umétsu Chūbei auf den Weg zum Schloss. Als die Sonne aufging, beendete er seinen Dienst und wollte, wie üblich, seine Hände und sein Gesicht vor dem Morgengebet waschen. Als er sein Handtuch auswrang, stellte er überrascht fest, dass es in seinen Händen zerriss. Erneut versuchte er die Teile auszuwringen und wieder teilten sie sich. Auch die vier Lagen konnte er problemlos

---

[45] Ujigami ist die Bezeichnung für die Shintō-Schutzgottheit einer Gemeinde oder eines Bezirks. Alle Menschen, die in dieser Gemeinde oder in diesem Bezirk leben, und die dabei helfen, die Tempel oder Götterbilder zu erhalten, werden Ujiko genannt.

zerreißen. Gegenstände aus Bronze und Eisen verhielten sich in seinen Händen wie Lehm, und endlich verstand er, dass er in den Besitz der großen Stärke gekommen war, die ihm die Gottheit als Lohn versprochen hatte. Von nun an musste er vorsichtig sein, wenn er Dinge berührte, damit sie nicht in seinen Fingern zerfielen.

Als er nach Hause zurückkehrte, erkundigte er sich, ob in der letzten Nacht in der Siedlung ein Kind geboren worden war. Man berichtete ihm von einer Geburt, die genau zu der Stunde seines Abenteuers stattgefunden hatte. Die Umstände der Geburt waren genau so, wie die Ujigami berichtet hatte.

Die Kinder des Umétsu Chūbei erbten die Stärke des Vaters. Einige seiner Nachkommen – allesamt Männer von bemerkenswerter Kraft – lebten noch immer in der Provinz Dewa, als diese Geschichte aufgezeichnet wurde.

Die Geschichte von Kōgi, dem Priester[46]

Vor fast tausend Jahren lebte in dem berühmten Miidori-Tempel in Ōtsu[47] in der Provinz Ōmi ein gelehrter Priester, den man Kōgi nannte. Er war ein großer Künstler. Er malte mit hoher Kunstfertigkeit Bilder von Buddhas, schönen Landschaften, Bilder von Vögeln und anderen Tieren, doch am liebsten malte er Fische. Bei schönem Wetter und wenn seine religiösen Pflichten es zuließen, ging er zum Biwa-See. Von den dortigen Fischern ließ er sich Fische fangen. Diese durften jedoch nicht verletzt werden, so dass er sie anschließend malen konnte, während sie in einem großen Glasgefäß schwammen. Nachdem er sie wie Haustiere gefüttert und gemalt hatte, brachte er sie zurück zum See und gab ihnen ihre Freiheit wieder. Seine Gemälde von Fischen wurden schließlich so berühmt, dass die Leute von weit her kamen, um sie zu sehen. Doch für das schönste Bild, das er je gemalt hatte, stand ihm kein lebender Fisch Modell. Er malte dieses Bild aus der Erinnerung eines Traumes. Eines Tages, als er am Ufer des Sees saß, um die Fische zu beobachten, fiel Kōgi in einen Halbschlaf, und er träumte davon, mit den Fischen unter Wasser zu spielen. Als er aufwachte, war die Erinnerung an den Traum so klar, dass er sie malen konnte. Dieses Gemälde, das er in der Wandnische seines Zimmers aufhängte, nannte er „Traumkarpfen“.

Niemand konnte Kōgi jemals davon überzeugen, eines seiner Fisch-Gemälde zu verkaufen. Er konnte sich von seinen Landschaftsbildern trennen, auch von den Bildern von Vögeln oder von Blumen. Doch er sagte, dass er niemals das Bild eines lebenden Fisches an jemanden verkaufen könne, der so grausam war, Fische zu töten oder zu essen.

---

46 Aus der Sammlung Ugétsu Monogatari.

47 Die Stadt Ōtsu befindet sich am Ufer des großen Ōmi-Sees, den man auch Biwa-See nennt, und der Tempel Miidera liegt auf einem Hügel mit Sicht auf das Wasser. Miidera wurde im siebten Jahrhundert gegründet und danach mehrfach umgebaut. Die jetzigen Strukturen wurden im späten siebzehnten Jahrhundert errichtet.

Da alle Leute, die seine Bilder kaufen wollten, Fischesser waren, konnte all ihr Geld ihn nicht überzeugen.

Eines Sommers erkrankte Kōgi, und nach einer Woche war er so entkräftet, dass er weder sprechen noch sich bewegen konnte. Die Leute hielten ihn für tot. Nachdem man die Beisetzungszeremonie begonnen hatte, bemerkten seine Schüler jedoch, dass noch etwas Wärme in seinem Körper verblieben war. Man beschloss, die Beisetzung zu unterbrechen und bei dem Leichnam Wache zu halten. Am Nachmittag des selben Tages erwachte er plötzlich zum Leben und richtete Fragen an die Beobachter:

„Wie lange war ich ohne Bewusstsein?"

„Mehr als drei Tage", antwortete ein Akolyth. „Wir glaubten, Ihr wärt gestorben. Heute Morgen haben sich Eure Freunde und die Gemeindemitglieder im Tempel versammelt, um Euch zu Grabe zu tragen. Wir haben die Beisetzungszeremonie begonnen, doch als wir sahen, dass Euer Körper noch nicht vollständig erkaltet war, haben wir die Beerdigung abgebrochen, und nun sind wir sehr froh, dass wir so gehandelt haben."

Kōgi nickte zustimmend. Dann sagte er:

„Ich möchte, dass einer von euch sofort zum Haus des Taira no Suké geht. Die jungen Leute feiern dort gerade ein Fest, sie trinken Sake und essen Fisch. Sagt zu ihnen: ‚Unser Herr hat sich erholt, und er bittet darum, dass Ihr euer Fest beendet und ihn unverzüglich aufsucht, da er Euch eine wunderbare Geschichte zu erzählen hat.'... Bei dieser Gelegenheit", fuhr Kōgi fort, „beobachtet, was Suké und seine Brüder gerade tun – ob sie feiern, wie ich es beschrieben habe."

Sogleich machte sich ein Akolyth auf den Weg zum Haus des Taira no Suké. Er war erstaunt zu sehen, dass Suké, sein Bruder Jurō und ihr Bediensteter Kamori ein Fest feierten, genau so, wie Kōgi es beschrieben hatte. Als die drei Kōgis Botschaft vernahmen, ließen sie unverzüglich Fisch und Wein zurück und eilten zum Tempel. Kōgi lag noch auf der Liegestatt, auf die man ihn gebettet hatte und empfing die drei mit einem Lächeln. Nachdem man höfliche Begrüßungsformeln ausgetauscht hatte, sagte er zu Suké:

„Nun, mein Freund, beantwortet mir bitte einige Fragen, die ich Euch jetzt stellen werde. Als erstes sagt mir, ob Ihr heute Fische vom Fischer Bunshi gekauft habt."

„Na, ja", erwiderte Suké – „doch wie konntet Ihr das wissen?"

„Wartet einen Moment", sagte der Priester… „Der Fischer Bunshi trat heute durch Euer Tor, und er hatte einen drei Fuß langen Fisch in seinem Korb. Es war am frühen Nachmittag, gerade nachdem Ihr mit Eurem Bruder Jurō eine Partie Go begonnen hattet. Kamori sah Eurem Spiel zu und aß dabei einen Pfirsich – war es nicht so?"

„Das stimmt", riefen Suké und Kamori mit zunehmendem Erstaunen gemeinsam aus.

„Als Kamori den großen Fisch sah", fuhr Kōgi fort, „kaufte er ihn sofort, und er gab Bunshi zu dem Geld noch einige Pfirsiche in einer Schale und drei Becher Sake. Dann wurde der Koch gerufen. Er kam und bewunderte den großen Fisch. Und dann, auf Euren Befehl, filetierte er den Fisch, um ihn für Euer Fest vorzubereiten… Ist nicht alles genau so passiert, wie ich es beschrieben habe?"

„Ja", erwiderte Suké, „doch wir sind sehr erstaunt, wie Ihr wissen könnt, was heute in unserem Hause geschah. Sagt uns bitte, wie Ihr davon Kenntnis erlangt habt."

„Nun zu meiner Geschichte", sagte der Priester. „Ihr wisst, dass mich alle für tot hielten – Ihr selbst wart bei meiner Begräbniszeremonie zugegen. Doch ich selbst glaubte vor drei Tagen nicht mal, dass ich ernsthaft krank wäre. Ich kann mich nur erinnern, dass ich mich schwach fühlte, dass mir heiß war und dass ich nach draußen an die Luft gehen wollte, um mich abzukühlen. Ich stand unter großen Anstrengungen von meinem Bett auf und ging nach draußen, mich auf einen Stock stützend. … Die folgenden Ereignisse mögen Einbildung sein. Doch schon bald werdet Ihr selbst urteilen können, was wahr und was falsch ist. Ich werde alles genau so berichten, wie es passiert ist. … Gerade als ich das Haus verließ und die klare Luft einatmete, fühlte ich mich sehr leicht, so leicht wie ein Vogel, der dem Netz oder dem Korb entflieht, in dem man ihn festgehalten hat. Ich ging weiter und weiter, bis ich den See erreichte. Das Wasser sah herrlich aus, so blau, und ich verspürte den Wunsch, eine Runde zu schwimmen. Ich zog meine Kleider aus, sprang in das Wasser und begann zu schwimmen. Ich war überrascht festzustellen, dass ich sehr schnell und gewandt schwimmen konnte, eigentlich war ich vor meiner Krankheit immer ein schlechter Schwimmer gewesen. … Ihr glaubt, dass ich Euch nur einen verrückten Traum erzähle – aber hört weiter! … Als ich mich noch über meine neuen Fähigkeiten wunderte, bemerkte ich viele schöne Fische, die unter mir und um mich herum schwammen. Ich war neidisch auf ihre Fröhlichkeit, denn ich glaubte, dass ein Schwimmer, sei er auch noch so gut, niemals würde das Glücksgefühl eines Fisches unter Wasser teilen können. In diesem Moment hob ein großer Fisch seinen Kopf direkt vor mir aus dem Wasser und sprach mit menschlicher Stimme: ‚Dieser Wunsch kann dir sogleich erfüllt werden, warte einen Moment!' Der Fisch tauchte unter und verschwand aus meiner Sicht. Ich wartete. Kurze Zeit später tauchte er wieder aus der Tiefe des Sees auf, auf dem Rücken ein Mann, der den Kopfschmuck und die Kleider eines Prinzen trug. Dieser Mann sagte zu mir: ‚Ich komme mit einer Nachricht des Drachenkönigs zu dir. Er kennt deinen Wunsch, für kurze Zeit wie ein Fisch zu empfinden. Da du vielen Fischen das Leben gerettet und immer Mitgefühl für alle Lebewesen empfunden hast, gewährt der König dir nun den Wunsch, die Gestalt eines goldenen Karpfens anzunehmen. So wirst du in den Genuss kommen, die Freuden der Unterwasserwelt am eigenen Leib zu verspüren. Doch du musst der Versuchung wiederstehen, selbst Fische oder Fischprodukte zu essen, mögen sie auch noch so appetitlich riechen. Und du musst dich in Acht nehmen vor den Fischern, die dich fangen oder verletzen könnten.' Mit diesen Worten tauchte der Überbringer der Nachricht mit seinen Fischen unter und verschwand im tiefen Wasser. Ich schaute an mir herunter und sah, dass mein ganzer Körper mit goldenen Schuppen bedeckt war – ich sah Flossen – ich erkannte, dass ich mich gerade in einen goldenen Karpfen verwandelt hatte. Dann wusste ich, das ich nun schwimmen konnte, wohin auch immer ich wollte."

„Danach schwamm ich los und besuchte viele schöne Orte. *(An dieser Stelle finden sich in der Originalgeschichte einige Verse, die die acht berühmten Sehenswürdigkeiten des Ōmi-Sees beschreiben – „Ōmi-Hakkei".)* Manchmal war ich schon davon beglückt, das Sonnenlicht über das blaue Wasser tanzen zu sehen, oder die wunderschönen Reflexionen der Hügel und Bäume auf der ruhigen Oberfläche zu beobachten. ... Besonders erinnere ich mich an die Küste einer Insel – entweder Okitsushima oder Chikubushima – die in dem Wasser wie eine rote Wand reflektiert wurde. ... Manchmal wollte ich nahe an das Ufer schwimmen, um die Gesichter der Passanten zu sehen und ihre Stimmen zu hören. Manchmal wollte ich so lange auf dem Wasser schlafen, bis ich vom Geräusch sich nähernder Ruderblätter aufgeschreckt wurde. Nachts konnte ich wunderschöne Szenerien im Mondlicht sehen, doch so manches Mal wurde ich vom Fackellicht der Fischerboote aus Katase aufgeschreckt. Bei schlechtem Wetter tauchte ich ab – tief herunter – bis zu tausend Fuß tief – und ich spielte am Grund des Sees. Doch nachdem ich diese Vergnügungen zwei oder drei Tage lang genossen hatte, verspürte ich einen starken Hunger und kehrte in diese Gegend zurück, wo ich etwas Essbares zu finden hoffte. Gerade zu dieser Zeit war der Fischer Bunshi zum Angeln herausgefahren und ich näherte mich dem Haken, den er ins Wasser heruntergelassen hatte. Da war Fischfutter am Haken, das sehr appetitlich roch. In diesem Augenblick erinnerte ich mich an die Warnung des Drachenkönigs. Ich schwamm davon und sagte zu mir selbst: ‚In keinem Fall, darf ich Essen zu mir nehmen, das Fisch enthält – ich bin ein Jünger Buddhas.' Doch schon nach kurzer Zeit wurde das Hungergefühl so stark, dass ich der Versuchung nicht widerstehen konnte. Ich schwamm zurück zu dem Haken und dachte: ‚Selbst wenn Bunshi mich fangen sollte, würde er mich nicht verletzen – er ist mein Freund.' Es gelang mir nicht, den Köder vom Haken zu lösen. Der angenehme Duft des Essens war zu viel für meine Geduld, und ich verschluckte das ganze Ding mit einem Schluck. Sogleich zog Bunshi an der Leine und fing mich ein. Ich schrie ihn an: ‚Was tust du? – du verletzt mich!' Doch er schien mich nicht zu hören und zog schnell eine Schnur durch meine Kiefer. Dann warf er mich in seinen Korb und nahm mich mit nach Hause. Als der Korb geöffnet wurde, sah ich Euch und Jurō beim Go-Spiel im Südzimmer. Kamori sah Euch zu und aß dabei einen Pfirsich. Sogleich gingt Ihr alle nach draußen auf die Veranda um mich zu begutachten, und Ihr wart sehr angetan von meiner Größe. Ich rief Euch zu, so laut ich konnte: ‚Ich bin kein Fisch! Ich bin Kōgi, der Priester! Lasst mich bitte zurück in meinen Tempel gehen!' Doch Ihr habt vor Freude in die Hände geklatscht und meinen Worten keine Beachtung geschenkt. Dann brachte mich Euer Koch in die Küche und warf mich brutal auf ein Schneidbrett, wo ein schrecklich scharfes Messer bereitlag. Mit seiner linken Hand hielt er mich fest, mit der rechten nahm er das Messer. Ich schrie ihn an: ‚Wie kannst du mich so grausam töten! Ich bin ein Jünger Buddhas! – Hilfe! – Hilfe!' Doch im gleichen Moment spürte ich, wie sein Messer mich zerschnitt – ein furchtbarer Schmerz! – Und dann wachte ich plötzlich hier im Tempel auf."

Als der Priester die Geschichte zu Ende erzählt hatte, waren die Brüder doch sehr verwundert. Suké sagte zu ihm: „Ich kann mich erinnern, dass sich die Kiefer die ganze Zeit bewegten, als wir Euch betrachteten, doch wir konnten keine Stimme hören… Lasst mich sogleich einen Diener ins Haus schicken, mit dem Befehl, die Überreste des Fisches in den See zu werfen."

Kōgi erholte sich rasch von seiner Krankheit und malte noch viele Bilder. Es wird darüber berichtet, dass – lange nach seinem Tod – einige seiner Fischgemälde in den See fielen und dass sich die gemalten Fische sofort von der Seide oder dem Papier lösten und davonschwammen!

JAPANESE FAIRY TALE SERIES No. 25

CHIN CHIN KOBAKAMA

RENDERED INTO ENGLISH BY

LAFCADIO HEARN

Chin-Chin Kobakama

Der Boden japanischer Zimmer ist mit wunderschönen dicken Matten aus gewebtem Schilfgras bedeckt. Diese liegen sehr eng aneinander, so dass man gerade die Klinge eines Messers dazwischen schieben kann. Sie werden einmal im Jahr gewechselt und sehr sauber gehalten. Japaner tragen niemals Schuhe innerhalb des Hauses, und sie verwenden keine Stühle und Möbel, wie dies Engländer tun. Sie sitzen, schlafen, essen und manchmal schreiben sie sogar auf dem Boden. Deshalb müssen die Matten wirklich sehr sauber gehalten werden, und japanischen Kindern wird – kaum dass sie sprechen können – beigebracht, dass sie die Matten niemals beschädigen oder beschmutzen dürfen.

Nun sind japanische Kinder wirklich sehr gut. Alle die Reisenden, die schöne Bücher über Japan geschrieben haben, stellen fest, dass japanische Kinder viel folgsamer sind als englische und dass sie viel weniger zu schelmischen Aktionen neigen. Sie beschädigen oder verschmutzen keine Gegenstände und sie zerbrechen nicht mal ihr eigenes Spielzeug. Ein kleines japanisches Mädchen zerstört seine Puppe nicht. Nein, sie passt sehr gut auf sie auf und behält sie sogar, nachdem sie erwachsen geworden und verheiratet ist. Wenn sie Mutter wird und eine eigene Tochter großzieht, dann gibt sie ihre Puppe an die kleine Tochter weiter. Und das Kind kümmert sich genauso gewissenhaft um die Puppe, wie die Mutter dies getan hat, und sie erhält sie, bis sie erwachsen ist und die Puppe schließlich an ihre eigenen Kinder weitergibt, die damit noch genauso schön spielen, wie dies ihre Großmutter einst tat. Und so habe ich – der diese kleine Geschichte für dich aufschreibt – in Japan viele Puppen gesehen, die mehr als hundert Jahre alt waren und trotzdem immer noch so hübsch aussahen, als wären sie neu. Dies soll verdeutlichen, dass japanische Kinder wirklich sehr gut sind und du wirst verstehen, warum der Boden eines japanischen Zimmers fast immer sauber ist, nicht verkratzt oder beschädigt durch schelmische Spielereien.

Du fragst mich, ob alle japanischen Kinder so gut sind? Nun – nein, es gibt einige wenige, sehr wenige unartige Kinder. Und was passiert mit den Matten in den Häusern dieser unartigen Kinder? Nichts Schlimmes – denn es gibt Elfen, die sich um die Matten kümmern. Diese Elfen plagen und ängstigen Kinder, die die Matten beschmutzen oder beschädigen. Zumindest plagten und ängstigten sie derart schelmische Kinder in der Vergangenheit. Ich bin nicht sicher, ob diese kleinen Elfen noch immer in Japan leben, da die neuen Eisenbahnstrecken und Telegrafenmasten viele der Elfen vertrieben haben. Doch hier könnt ihr eine kleine Geschichte über sie lesen:

Es war einmal ein kleines Mädchen, das sehr hübsch war, aber auch sehr faul. Ihre Eltern waren reich und sie hatten viele Bedienstete. Die Diener behandelten das kleine Mädchen liebevoll und sie taten alles für das Kind, auch Dinge, die es besser selbst getan hätte. Vermutlich wurde das Mädchen durch dieses Verhalten zur Faulheit erzogen. Als es zu einer schönen Frau heranwuchs, war sie immer noch faul. Doch immer wenn die Diener ihr beim Ankleiden halfen und ihr Haar ordneten, dann sah sie so schön aus, dass niemand Anstoß an ihren Fehlern nahm.

Schließlich heiratete sie einen tapferen Krieger, mit dem sie fortzog in ein anderes Haus, in dem es zwar auch Diener gab, aber nur wenige. Sie war betrübt, da sie nun weniger Bedienstete hatte, als in ihrem früheren Zuhause, denn nun war sie gezwungen, Dinge für sich selbst zu tun, die andere bislang für sie erledigt hatten. Sie hatte wirklich Probleme sich selbst anzuziehen, sich um ihre eigene Kleidung zu kümmern und dafür zu sorgen, dass sie weiterhin sauber und hübsch aussah, um ihrem Ehemann zu gefallen. Doch da dieser ein Krieger war und oft mit der Armee in fernen Regionen weilte, konnte sie manchmal so faul sein, wie sie es sich wünschte. Die Eltern ihres Ehemannes waren sehr alt und gutmütig, so dass sie niemals gescholten wurde.

Nun, eines Nachts, als ihr Ehemann auf Reisen war, wurde sie von eigenartigen leisen Geräuschen in ihrem Zimmer geweckt. Im Licht einer großen Papierlaterne konnte sie sehr gut sehen – und sie sah seltsame Dinge. Was?

Hunderte kleiner Gestalten, gekleidet wie japanische Krieger, doch nur wenige Zentimeter groß, tanzten um ihr Kissen herum. Sie trugen die gleiche Kleidung, die ihr Ehemann in seiner Freizeit zu tragen pflegte (Kamiahimo, ein langes Gewand mit rechteckigen Schultern), ihr Haar war zu einem Knoten hochgebunden, und jeder trug zwei winzige Schwerter mit sich. Sie alle schauten die Frau an während sie tanzten und lachten und sie alle sangen immer wieder das gleiche Lied:

Chin-chin Kobakama,
Yomo fuké soro,
Oshizumare, Hime-gimi!
Ya ton ton!

Was soviel heißt, wie: „Wir sind die Chin-chin Kobakama. Es ist schon spät. Schlafe, mein ehrenwerter, vornehmer Liebling!"

Die Worte schienen sehr höflich zu sein, doch bald erkannte sie, dass die kleinen Wesen sich nur einen grausamen Spaß mit ihr erlaubten und ihr Grimassen schnitten.

Die Frau versuchte, einige von ihnen zu fangen. Doch sie hampelten so schnell herum, dass ihr dies nicht gelang. Dann versuchte sie, die Gestalten zu vertreiben, aber sie wollten einfach nicht verschwinden und immer wieder sangen sie „Chin-chin Kobakama", und sie lachten sie aus. Dann begriff sie, dass es sich um kleine Elfen handeln musste, und sie erschrak derart, dass sie nicht mal schreien konnte. Die kleinen Wesen umtanzten die Frau bis zum frühen Morgen, und dann verschwanden sie alle sehr plötzlich.

Sie schämte sich, irgendjemandem von ihrem Erlebnis zu erzählen, denn sie war die Frau eines Kriegers, und niemand sollte erfahren, wie sehr sie sich gefürchtet hatte.

In der folgenden Nacht kamen die die kleinen Wesen erneut, und sie tanzten, und sie kamen auch in der nächsten Nacht, in jeder Nacht, immer zur gleichen Stunde, die die alten Japaner „die Stunde des Ochsen" nennen. Das ist gegen zwei Uhr morgens unserer Zeit. Schließlich wurde die Frau sehr krank, ausgelöst durch Schlafmangel und Angst. Doch die kleinen Gestalten wollten sie nicht mehr in Ruhe lassen.

Als ihr Ehemann nach Hause zurückkehrte, war er sehr bekümmert, sie krank im Bett vorzufinden. Zunächst traute sie sich nicht, ihm den Grund für ihre Krankheit mitzuteilen, da sie Angst hatte, von ihm ausgelacht zu werden. Doch er war so nett zu ihr und er umschmeichelte sie so behutsam, dass sie ihm nach einiger Zeit erzählte, was in jeder Nacht mit ihr geschah.

Er sah gar keinen Anlass, sie auszulachen und schien eine Zeitlang sehr besorgt zu sein. Dann fragte er:

„Zu welcher Zeit kommen sie?"

Sie antwortete: „Immer zur gleichen Stunde – ‚der Stunde des Ochsen.'"

„Nun gut", sagte der Ehemann, „heute Nacht werde ich mich verstecken und sie beobachten. Habe keine Angst."

Und so versteckte sich der Krieger in dieser Nacht in einem Wandschrank im Schlafzimmer und er beobachtete die Vorgänge im Raum durch einen Spalt zwischen den Schiebetüren.

Er wartete und hielt Wache bis zur „Stunde des Ochsen". Dann, ganz plötzlich, kamen die kleinen Gestalten aus den Matten und begannen ihren Tanz und sie sangen ihr Lied:

Chin-chin Kobakama,
Yomo fuké
Soro…

Sie sahen so komisch aus und sie tanzten und tanzten in einer derart lustigen Weise, dass der Krieger kaum das Lachen zurückhalten konnte. Doch er sah das verängstigte Gesicht seiner Frau und – nachdem er sich daran erinnerte, dass fast alle japanischen Geister und Kobolde Schwerter fürchten, zog er seine Klinge, stürzte aus dem Wandschrank und hieb auf die kleinen Tänzer ein. Ganz plötzlich verwandelten sich alle in – was glaubst du wohl?

Zahnstocher!

Es gab keine kleinen Krieger mehr – nur eine große Zahl alter Zahnstocher, die über die Matten verstreut lagen.

Die junge Frau war zu faul, ihre Zahnstocher nach Gebrauch ordentlich wegzuräumen. Und jeden Tag, nachdem sie einen neuen Zahnstocher gebraucht hatte, hatte sie ihn in die Ritze zwischen den Matten gedrückt, um ihn loszuwerden. Dadurch wurden die kleinen Elfen, die sich um die Matten kümmerten, ärgerlich, und sie beschlossen, die junge Frau zu peinigen.

Ihr Ehemann schalt sie nun und sie schämte sich so sehr, dass nicht mehr wusste, was sie tun sollte. Ein Diener wurde gerufen, der die Zahnstocher aufsammelte und draußen verbrannte. Danach kamen die kleinen Gestalten nie mehr wieder.

Es wird eine weitere Geschichte erzählt über ein faules kleines Mädchen, das gerne Pflaumen aß und die Pflaumenkerne danach zwischen den Matten versteckte. Sie konnte dies lange Zeit tun, ohne dass ihr Vorgehen entdeckt wurde. Doch schließlich wurden die Elfen ärgerlich und bestraften sie.

In jeder Nacht stiegen kleine, sehr kleine Frauen, die mit hellrote Gewänder mit langen Ärmeln bekleidet waren, aus den Bodenmatten auf, tanzten, schnitten Grimassen und brachten das Mädchen um ihren Schlaf.

Eines Nachts blieb die Mutter auf, um wache zu halten. Sie sah die Gestalten und sie schlug nach ihnen, bis sie sich schließlich in Pflaumenkerne verwandelten. Auf diese Weise wurde die Unartigkeit des jungen Mädchens entlarvt. Danach wurde sie zu einem wirklich guten Mädchen.

JAPANESE FAIRY TALE
THE GOBLIN SPIDER

Rendered into English

BY LAFCADIO HEARN

Die Kobold-Spinne

In sehr alten Büchern kann man lesen, dass es in Japan früher viele Kobold-Spinnen gab. Manche Leute sagen, dass es immer noch Kobold-Spinnen gibt. Tagsüber sehen sie aus wie ganz normale Spinnen. Doch spät in der Nacht, wenn alle schlafen und es ganz ruhig ist, dann werden sie sehr, sehr groß und tun schreckliche Dinge. Auch glaubt man, dass Kobold-Spinnen mittels magischer Kräfte menschliche Gestalt annehmen können, um die Leute in die Irre zu führen. Und es gibt eine berühmte japanische Geschichte über eine solche Spinne.

In einem abgelegen Ort des Landes gab es einst einen Tempel, in dem es spukte. Niemand konnte in den Tempelgebäuden leben, wegen der Kobolde, die davon Besitz ergriffen hatten. Viele tapfere Samurai suchten diesen Ort auf, um die Kobolde zu töten. Doch man hörte nie wieder etwas von ihnen, nachdem sie das Tempelgelände betreten hatten.

Zuletzt ging einer, der für seinen Mut und seine Besonnenheit bekannt war, zu dem Tempel, um dort des Nachts Wache zu halten. Und er sprach zu denen, die ihn bis dort begleiteten: „Wenn ich am Morgen noch leben sollte, dann werde ich die Trommel des Tempels schlagen." Dann wurde er alleine gelassen, um beim Licht einer Lampe Wache zu halten.

Als die Nacht tiefer und tiefer wurde, kroch er unter den Altar, auf dem ein staubiger Buddha abgebildet war. Er konnte nichts Ungewöhnliches erkennen und kein Geräusch drang an sein Ohr bis zur Mitternachtsstunde. Dann erschien ein Kobold, der nur aus einem halben Körper mit nur einem Auge bestand und dieser sagte: „Hitokusai!" (Hier riecht es nach Menschen). Doch der Samurai bewegte sich nicht und der Kobold verschwand.

Dann erschien ein Priester, der auf seinem Shamisen so wundervoll spielte, dass der Samurai fest davon überzeugt war, dass es sich nicht um menschliches Spiel handeln könne. Deshalb stand er auf und hob sein Schwert. Der Priester sah ihn, brach in Lachen aus und sagte: „Du dachtest also, ich sei ein Kobold? Oh nein! Ich bin nur ein Priester dieses Tempels, aber ich muss spielen, um die Kobolde fern zu halten. Hört sich dieses Shamisen nicht wundervoll an. Spiel doch selbst ein wenig damit.“

Und er bot dem Samurai das Instrument an, das dieser sehr vorsichtig mit seiner linken Hand ergriff. Augenblicklich verwandelte sich das Shamisen in ein riesiges Spinnennetz, und der Priester in eine Kobold-Spinne. Der Krieger war mit seiner linken Hand fest im Spinnennetz gefangen. Er kämpfte tapfer und traf die Spinne mit seinem Schwert, und er verwundete sie. Doch schon bald verfing er sich noch mehr in dem Netz und konnte sich schließlich nicht mehr bewegen.

Allerdings kroch die verwundete Spinne davon und schon bald ging die Sonne auf. Nach kurzer Zeit kamen die Leute und fanden den Samurai, gefangen in dem schrecklichen Netz, aus dem sie ihn befreiten. Sie sahen Blutspuren auf dem Boden, und sie folgten den Spuren, die aus dem Tempel heraus führten bis zu einer Höhle in dem verlassenen Garten. Aus dem dunklen Loch drang ein furchterregendes stöhnendes Geräusch. Sie fanden den verwundeten Kobold in der Höhle und töteten ihn.

Die alte Frau, die ihr Reisbällchen verlor

Vor langer, langer Zeit lebte eine lustige alte Frau, die gerne lachte und die gerne Bällchen aus Reismehl zubereitete. Eines Tages, während der Vorbereitung einiger Reisbällchen für das Abendessen, fiel ihr eines davon herunter, rollte in ein Loch im irdenen Boden ihrer kleinen Küche und verschwand. Die alte Frau versuchte das Teil zu retten. Sie griff in die Vertiefung, doch plötzlich gab der Boden nach, und die alte Frau stürzte in das Loch.

Sie fiel sehr tief, doch sie verletzte sich nicht und als sie wieder auf die Füße kam, stellte sie fest, dass sie auf einer Straße stand, die der Straße vor ihrem Hause glich. Es war ziemlich hell dort unten, und sie sah viele Reisfelder, doch kein Mensch befand sich darin. Wie all dies passieren konnte, kann ich euch nicht sagen. Es sieht aber ganz danach aus, als wäre die alte Frau in ein anderes Land gefallen.

Die Straße, auf die sie gefallen war, war sehr abschüssig. Nachdem sie vergeblich nach ihrem Reisbällchen gesucht hatte, glaubte sie, dass das Stück weiter den Abhang herunter gerollt sein müsse. Sie lief die Straße hinunter, um nachzusehen, und dabei rief sie:

„Mein Reisbällchen, mein Reisbällchen! Wo ist mein Reisbällchen?"

Nach einiger Zeit sah sie einen steinernen Jizo, der am Wegesrand stand, und sie sagte:

„Oh Herr Jizo, habt Ihr mein Reisbällchen gesehen?"

Jizo antwortete:

„Ja, ich habe gesehen, wie dein Reisbällchen die Straße heruntergerollt ist. Doch du solltest besser nicht weiter gehen, denn dort unten lebt ein böser Oni, der Menschen frisst."

Doch die alte Frau lachte nur und lief die Straße weiter hinunter, und wieder rief sie: „Mein Reisbällchen, mein Reisbällchen! Wo ist mein Reisbällchen?" Erneut kam sie zu einer Jizo-Statue und fragte diese:

„Oh gütiger Herr Jizo, habt Ihr mein Reisbällchen gesehen?"

Und Jizo sagte:

„Ja, ich habe dein Reisbällchen vor kurzer Zeit vorbeirollen sehen. Doch du darfst nicht weiterlaufen, denn dort unten gibt es einen bösen Oni, der Menschen frisst."

Doch sie lachte nur und lief weiter, dabei immer noch rufend: „Mein Reisbällchen, mein Reisbällchen! Wo ist mein Reisbällchen?" Schließlich kam sie zu einem dritten Jizo und fragte diesen:

„Oh lieber Herr Jizo, habt Ihr mein Reisbällchen gesehen?"

Doch Jizo sagte:

„Sprich jetzt nicht über dein Reisbällchen. Hier kommt gerade der Oni. Kauere dich hier hinter meinen Ärmel, und verhalte dich ganz ruhig."

Sogleich kam der Oni heran, blieb stehen, verbeugte sich vor dem Jizo und sagte:

„Guten Tag, Herr Jizo“

Jizo grüßte ebenfalls sehr höflich.

Dann begann der Oni plötzlich auf misstrauische Art zu schnüffeln und schrie: „Herr Jizo, Herr Jizo! Ich nehme den Geruch eines Menschen war. Er muss hier irgendwo sein, riecht Ihr es nicht?“

„Oh!“ sagte Jizo, „du musst dich irren.“

„Nein, nein!“ sagte der Oni, nachdem er erneut geschnüffelt hatte, „ich kann den Geruch eines Menschen wahrnehmen.“

Die alte Frau konnte sich nicht länger beherrschen und begann zu lachen – „Te-he-he!“ Sofort streckte der Oni seine große haarige Hand hinter Jizos Ärmel und zog die Frau heraus, wobei diese noch immer lachte: „Te-he-he!“

„Ah! Ha!“ rief der Oni.

Dann sagte Jizo:

„Was wirst du mit der guten alten Frau anstellen? Du darfst ihr nicht wehtun.“

„Das werde ich nicht tun“, sagte der Oni. „Doch ich werde sie mit zu mir nach Hause nehmen, damit sie für uns kochen kann.“

„Te-he-he!“ lachte die alte Frau.

„Sehr gut“, sagte Jizo, „doch du musst wirklich nett zu ihr sein. Wenn nicht, dann werde ich sehr wütend.“

„Ich werde ihr nicht weh tun“, versprach der Oni, „sie wird lediglich jeden Tag für uns arbeiten müssen. Auf Wiedersehen, Herr Jizo.“

Dann nahm der Oni die alte Frau mit. Sie gingen die Straße ein gutes Stück hinunter, bis sie zu einem breiten, tiefen Flusslauf kamen, an dessen Ufer ein Boot lag. Er setzte sie in das Boot und nahm sie mit auf die andere Seite des Flusses zu seiner Unterkunft. Es war ein sehr großes Haus. Sogleich führte er die Frau in die Küche und forderte sie auf, ein Abendessen für ihn und die anderen Oni, die bei ihm lebten, zuzubereiten. Er gab ihr einen kleinen hölzernen Reislöffel uns sagte:

„Du darfst immer nur ein Reiskorn in den Topf geben, und wenn du das eine Korn in dem Wasser mit diesem Löffel rührst, dann wird sich das Reiskorn vervielfältigen, solange bis der Topf gefüllt ist."

Wie von dem Oni befohlen, gab die alte Frau nur ein Reiskorn in den Topf, begann mit dem Löffel zu rühren, und, während sie rührte, wurden aus dem einen Korn zwei, dann vier, dann acht, dann sechzehn, zweiunddreißig, vierundsechzig, und so weiter. Jedes Mal wenn sie den Löffel bewegte entstand mehr Reis, und in einigen Minuten war der große Topf bis zum Rand gefüllt.

Daraufhin blieb die lustige alte Frau lange Zeit in dem Haus des Oni, und jeden Tag kochte sie für den Oni und für all seine Freunde.

Der Oni tat ihr niemals etwas zu Leide, und er jagte ihr keine Angst ein. Sie hatte keine schwere Arbeit zu verrichten, da sie der Hilfe des magischen Reislöffels gewiss sein konnte – obwohl sie sehr, sehr große Mengen an Reis kochen musste, da ein Oni viel größere Mengen zu sich nimmt, als jedes menschliche Wesen.

Doch sie fühlte sich einsam und wünschte sich, in ihr eigenes kleines Haus zurückkehren zu können, um dort wieder ihre Reisbällchen zu kochen. Eines Tages, als alle Oni unterwegs waren, nahm sie sich vor, eine Flucht zu riskieren.

Zuerst nahm sie den magischen Reislöffel an sich und steckte ihn unter den Gürtel. Dann lief sie runter zum Fluss. Niemand sah sie, und das Boot lag am Ufer. Sie stieg hinein und legte ab. Da sie sehr gut rudern konnte, entfernte sie sich rasch vom Ufer.

Doch der Fluss war sehr breit, und sie hatte noch nicht mehr als ein Viertel des Weges zurückgelegt, als die Oni allesamt zu dem Haus zurückkehrten.

Sie stellten fest, dass ihre Köchin verschwunden war, und auch der magische Löffel war nicht mehr an seinem Platz. Sofort liefen sie hinunter zum Fluss und sahen, wie die alte Frau rasch davonruderte.

Vielleicht konnten sie nicht schwimmen, auf jeden Fall hatten sie kein weiteres Boot. Sie sahen nur eine Möglichkeit, die lustige alte Frau einzufangen: Sie mussten alles Wasser des Flusses austrinken, bevor es der Frau gelang, das andere Ufer zu erreichen. So knieten sie nieder und begannen so schnell zu trinken, dass das Wasser schon ziemlich flach war, als die Frau die Mitte des Flusses erreichte.

Doch die alte Frau ruderte weiter bis das Wasser schließlich so seicht wurde, dass die Oni das Trinken einstellten und auf sie zu wateten. Nun ließ sie das Ruder fallen, nahm den magischen Löffel aus ihrem Gürtel, drohte den Oni damit und schnitt dabei derart lustige Grimassen, dass die Oni in Lachen ausbrachen.

Doch als die Oni zu lachen begannen, mussten sie all das Wasser erbrechen, das sie zuvor getrunken hatten, und so füllte sich der Fluss wieder. Die Oni konnte den Fluss nicht überqueren und die lustige alte Frau kam sicher am anderen Ufer an. Sie flüchtete die Straße hinauf so schnell sie nur konnte. Sie hörte nicht auf zu laufen, bis sie zu Hause ankam.

Danach war sie sehr froh, denn sie konnte nun wieder ihre Reisbällchen zubereiten, wann immer sie mochte. Außerdem hatte sie noch den magischen Löffel, der für sie Reis machen konnte. Sie verkaufte ihre Reisbällchen an die Nachbarn und an Reisende, und in ziemlich kurzer Zeit wurde sie sehr reich.

Der Junge, der Katzen zeichnete

Vor langer, langer Zeit lebte in einem kleinen Dorf in Japan ein armer Bauer mit seiner Frau. Es waren sehr gute Leute. Sie hatten viele Kinder, und es fiel ihnen nicht leicht, sie alle zu ernähren. Der älteste Sohn war bereits mit vierzehn Jahren stark genug, um seinem Vater bei der schweren Landarbeit zu helfen, und die kleinen Mädchen unterstützten ihre Mutter sobald sie laufen konnten.

Doch das jüngste Kind, ein kleiner Junge, schien nicht für die harte körperliche Arbeit geeignet zu sein. Er war sehr klug, klüger als all seine Brüder und Schwestern, doch er war klein und schmächtig, und die Leute sagten, dass er wohl niemals groß und stark werden könnte. Deshalb dachten seine Eltern, er sollte wohl besser nicht in der Landwirtschaft arbeiten sondern Priester werden. Eines Tages nahmen sie ihn mit zu dem Dorftempel. Sie fragten den alten Priester, ob er ihren

Sohn nicht als Akolyth aufnehmen wolle, und sie erzählen ihm alles über den Jungen, was er wissen musste.

Der alte Mann sprach sehr freundlich mit dem Jungen und stellte ihm einige schwierige Fragen. Da die Antworten sehr klug waren, entschloss sich der Priester, den kleinen Kerl als Akolyth aufzunehmen und zum Priester auszubilden.

Der Junge lernte schnell, was der Priester ihm beibrachte, und er war sehr folgsam in den meisten Dingen. Er hatte nur einen Fehler. Er liebte es, während der Unterrichtsstunden Katzen zu zeichnen, und er zeichnete sie immer wieder, auch dann, wenn er es besser unterlassen hätte.

Wann immer er alleine war, zeichnete er Katzen. Er zeichnete sie auf die Seitenränder der Bücher des Priesters, auf alle Wandschirme des Tempels, auf die Wände und die Säulen. Immer wieder forderte der Priester ihn auf, dies zu unterlassen, doch er hörte nicht damit auf, Katzen zu zeichnen. Er konnte es einfach nicht lassen, immer weiter zu zeichnen. Er hatte das, was man „Genie eines Künstlers“ nennt, und aus diesem Grunde eignete er sich nicht als Akolyth, denn ein guter Akolyth sollte Bücher lesen und studieren.

Eines Tages, nachdem der Junge einige sehr raffinierte Katzenbilder auf einen Wandschirm aus Papier gemalt hatte, sprach der Priester ernsthaft mit ihm: „Mein Junge, du musst diesen Tempel sofort verlassen. Du wirst niemals ein guter Priester werden, doch vielleicht wird aus dir einmal ein großer Künstler. Lass dir von mir noch einen letzten Ratschlag mitgeben, und ich empfehle dir, ihn niemals zu vergessen: Vermeide es, dich des Nachts an großen Orten aufzuhalten, suche kleine Orte auf!“.

Der Junge konnte sich nicht vorstellen, was der Priester damit meinte, als er sagte: „Vermeide es, dich des Nachts an großen Orten aufzuhalten, suche kleine Orte auf!“. Er dachte darüber nach, während er sein Bündel schnürte bevor er den Tempel verließ. Er konnte den Sinn der Worte nicht verstehen, doch er wagte es nicht, den Priester darauf anzusprechen. Er verabschiedete sich mit kurzem Gruß und ging davon.

Er verließ den Tempel mit großem Bedauern und fragte sich, wie es nun weiter gehen sollte. Wenn er geradewegs nach Hause gehen würde, wäre ihm die Bestrafung durch den Vater aufgrund seines Ungehorsams gewiss. Deshalb hatte er Angst davor, nach Hause zu gehen.

Plötzlich erinnerte er sich daran, dass es im Nachbardorf, zwölf Meilen von hier, einen sehr großen Tempel gab. Er hatte davon gehört, dass mehrere Priester dort ihren heiligen Dienst verrichteten, und er entschloss sich, diese aufzusuchen und darum zu bitten, ihn als Akolyth aufzunehmen.

Der Tempel war vorübergehend geschlossen, was der Junge aber nicht wusste. Der Grund für die vorübergehende Schließung war ein Kobold, der die Priester davongejagt und den Tempel für sich vereinnahmt hatte. Einige tapfere Krieger hatten des Nachts den Tempel aufgesucht, um den Kobold zu töten, doch sie wurden nie wieder lebend gesehen. Niemand hatte jemals dem Jungen von diesen Dingen erzählt. Deshalb ging er den weiten Weg zu dem Dorf, in der Hoffnung, von den Priestern freundlich aufgenommen zu werden.

Als er den Tempel erreichte, war es bereits dunkel, und die Bewohner des Dorfes waren bereits zu Bett gegangen. Doch er sah den großen Tempel auf einem Berg am anderen Ende der Hauptstraße, und er konnte ein Leuchten erkennen, das aus dem Inneren des Tempels drang. Die Leute, die mir diese Geschichte erzählt haben, erwähnten, dass der Kobold das Licht anzündete, um einsame Wanderer auf der Suche nach einem Nachtquartier anzulocken. Der Junge ging geradewegs zum Tempel und klopfte an die Tür. Von innen war kein Laut zu hören. Er klopfte wieder und wieder, doch noch immer kam niemand, um ihm zu öffnen. Schließlich drückte er die Tür vorsichtig nach innen und war erfreut zu sehen, dass sie nicht verschlossen war. Er ging hinein, sah eine Lampe brennen – aber keine Priester.

Er dachte, dass sehr bald ein Priester kommen würde und setzte sich auf den Boden, um zu warten. Dann fiel ihm auf, dass alles in dem Tempel mit einer grauen Staubschicht bedeckt und mit dicken Spinnweben überzogen war. Die Priester würden bestimmt einen Akolythen wie ihn gebrauchen können, um den Ort sauber zu halten. Er fragte sich allerdings, warum die Priester es zugelassen hatten, dass die Gegenstände im Tempel derart verstauben konnten. Was ihn jedoch sehr erfreute, waren einige große weiße Wandschirme, ideal geeignet, um

Katzen darauf zu malen. Obwohl er sehr müde war, machte er sich auf die Suche nach Malutensilien. Er fand eine Reibeschale, in der er Tusche vorbereitete, und er begann damit, Katzen auf die großen Wandschirme zu malen.

Er malte eine Vielzahl von Katzen auf die großen Flächen, und er spürte, wie ihn die Müdigkeit immer mehr ergriff. Er war gerade kurz davor, sich neben einen der großen Wandschirme zum Schlafen zu legen, als ihm die Worte einfielen: „Vermeide es, dich des Nachts an großen Orten aufzuhalten, suche kleine Orte auf!".

Der Tempel war sehr groß, er war alleine, und als er an diese Worte dachte, spürte er zum erstem Mal Angst aufkommen. Er entschloss sich, einen kleineren Ort aufzusuchen, um Schlaf zu finden. Er fand eine kleine Kammer, die durch eine Schiebetür vom großen Raum getrennt war. Er ging hinein und schloss sich ein. Dann legte er sich nieder und fiel sofort in einen tiefen Schlaf.

Spät in der Nacht wurde er durch einen schrecklichen Lärm geweckt – er hörte Kampfgeräusche und Schreie. Es war so schauderhaft, dass er sich nicht mal traute, durch einen Spalt in der Tür zu blicken. Er blieb ganz ruhig liegen, und vor Angst stockte ihm der Atem.

Das Licht im Tempel war verloschen, doch die entsetzlichen Geräusche wollten nicht enden. Sie wurden immer schrecklicher, und der ganze Tempel begann zu schwanken. Als nach langer Zeit endlich die Stille zurückkehrte, war der Junge unfähig sich zu bewegen. Er rührte sich nicht, bis das Licht der Morgensonne durch den Spalt in der Schiebetür in die kleine Kammer schien.

Dann stieg er sehr vorsichtig aus seinem Versteck und sah sich um. Das erste was er sah war, dass der ganze Boden des Tempels mit Blut bedeckt war. Und dann sah er, in der Mitte des Raumes liegend, eine monströse Ratte – eine Kobold-Ratte – größer als ein Rind!

Doch wer oder was hatte sie getötet? Es war weder ein Mensch noch irgendeine andere Kreatur zu sehen. Plötzlich bemerkte der Junge, dass die Mäuler all der Katzen, die er in der letzten Nacht gezeichnet hatte, rot waren und nass von Blut. So wurde ihm bewusst, dass der Kobold von den Katzen getötet wurde, die er gemalt hatte. Und er verstand zum ersten Mal, warum der alte Priester zu ihm gesagt hatte: „Vermeide es, dich des Nachts an großen Orten aufzuhalten, suche kleine Orte auf!".

In den folgenden Jahren wurde aus dem Jungen ein berühmter Künstler. Einige der Katzen, die er gemalt hat, werden heute noch immer Reisenden gezeigt, die nach Japan kommen.

Der Jungbrunnen

Vor langer, langer Zeit lebte irgendwo inmitten der Berge ein armer Holzfäller mit seiner Frau. Sie waren sehr alt und hatten keine Kinder. Jeden Tag ging der Mann allein in den Wald, um Holz zu fällen, während seine Frau zu Hause blieb und webte.

Eines Tages ging der alte Mann tiefer in den Wald hinein, als er dies sonst zu tun pflegte, denn er war auf der Suche nach einer besonderen Art von Holz. Plötzlich kam er an eine kleine Quelle, die er nie zuvor gesehen hatte. Das Wasser war ungewöhnlich klar und kalt. Er war durstig, denn der Tag war heiß, und er hatte an diesem Tag hart gearbeitet. Er nahm seinen großen Strohhut ab, kniete nieder und nahm einen tiefen Schluck von dem Wasser der Quelle.

Das Wasser schien ihn auf ganz besondere Weise zu erfrischen. Dann erblickte er sein eigenes Gesicht in der Quelle, und er schreckte zurück. Zweifellos war dies sein eigenes Gesicht, es sah jedoch ganz anders aus als das Gesicht, das er normalerweise im bronzenen Spiegel seines Hauses sah. Es war das Gesicht eines sehr jungen Mannes! Er konnte seinen Augen nicht trauen. Er griff mit beiden Händen an seinen Kopf, der noch einen Moment zuvor ziemlich kahl gewesen war, als er ihn mit dem kleinen blauen Tuch getrocknet hatte, das er immer bei sich trug. Doch nun war sein Kopf bedeckt mit dichtem schwarzem Haar. Und sein Gesicht war so glatt wie das eines Jungen, alle Falten waren verschwunden. Im gleichen Augenblick wurde ihm gewahr, dass sein Körper von neuer Kraft strotzte. Verwundert starrte er auf seine Glieder, die gerade noch vom Alter gezeichnet waren, ihm nun aber muskulös und wohlgeformt erschienen. Ohne es zu wissen, hatte er von einem Jungbrunnen getrunken, der ihn auf wundersame Weise verwandelt hatte.

Erst sprang er in die Luft und schrie auf vor Freude, dann lief er nach Hause, schneller als er jemals zuvor gelaufen war. Als er das Haus betrat, erschrak seine Frau, denn sie hielt ihn für einen Fremden. Als er ihr das Wunder erklärte, wollte sie ihm zuerst nicht glauben. Doch nach einiger Zeit konnte er sie überzeugen, dass der junge Mann, der vor ihr stand, wirklich ihr eigener Ehemann war. Er erklärte ihr, wo die Quelle zu finden war, und er bat sie, ihn dorthin zu begleiten.

Daraufhin sagte sie: „Du bist so jung und schön geworden, dass du eine alte Frau wie mich nicht weiter lieben kannst. Deshalb muss ich sofort auch etwas von diesem Wasser trinken. Doch wir sollten nicht beide gleichzeitig das Haus verlassen. Warte hier während ich gehe.“ Und sie lief ganz alleine in den Wald.

Sie fand die Quelle, kniete nieder und begann zu trinken. Oh! Wie kühl und süß das Wasser schmeckte! Sie trank und trank und trank, und sie hielt nur kurz an, um Luft zu holen, bevor sie weiter trank.

Ihr Ehemann wartete ungeduldig auf sie. Er erwartete, sie als hübsches, schlankes Mädchen zurückkehren zu sehen. Doch sie kam überhaupt nicht zurück. Er wurde ärgerlich, verschloss das Haus und machte sich auf den Weg, um sie zu suchen.

Als er die Quelle erreichte, konnte er sie nicht sehen. Er war kurz davor zurückzukehren, als er ein leises Wimmern aus dem hohen Gras neben der Quelle hörte. Er durchsuchte diese Stelle und fand die Kleider seiner Frau und – ein Baby. Ein kleines Baby, vielleicht sechs Monate alt.

Weil die alte Frau zu viele tiefe Schlucke von dem magischen Wasser genommen hatte, war sie in die Zeit vor ihrer Jugend zurück versetzt worden, in die Zeit des sprachlosen Säuglingsalters.

Er nahm das Kind in seine Arme. Es sah ihn an auf traurig fragende Weise. Er trug es nach Hause, leise zu ihm sprechend, in fremdartige, melancholische Gedanken versunken.

Bildnachweise

Titelseite: Klaus Lerch, Bambuswald im Giardino Botanico Heller

S. 9: unbekannter Fotograf, Lafcadio Hearn, ca. 1895, aus „The Life and Letters of Lafcadio Hearn", Elizabeth Bisland, 1906

S. 28, 36, 47, 53, 57, 70, 78, 82, 107: Emil Orlik, Ausschnitte aus dem Buchschmuck zu "Buddha", Lafcadio Hearn, 1910

S. 89: unbekannter Künstler, Titelbild von „Chin-chin Kobakama - Japanese Fairy Tale Series, No. 25", Lafcadio Hearn, 1903

S. 95: unbekannter Künstler, Titelbild von „The Goblin Spider - Japanese Fairy Tale Series, No. 1", Lafcadio Hearn, 1899

S. 98: unbekannter Künstler, Titelbild von „The Old Woman Who Lost Her Dumplings - Japanese Fairy Tale Series, No. 24", Lafcadio Hearn, 1902

S. 103: unbekannter Künstler, Titelbild von „The Boy Who Drew Cats - Japanese Fairy Tale Series, No. 23", Lafcadio Hearn, 1898

S. 108: unbekannter Künstler, Titelbild von „The Fountain of Youth - Japanese Fairy Tale Series", Lafcadio Hearn, 1922

Veröffentlichung des Titelfotos mit freundlicher Genehmigung von Giardino Botanico Heller, Gardone Riviera, Italia

Quellen

DER JUNGE, DER KATZEN ZEICHNETE (The Boy Who Drew Cats, 1898)
DIE KOBOLD-SPINNE (The Goblin-Spider, 1899)
DIE ALTE FRAU, DIE IHR REISBÄLLCHEN VERLOR (The Old Woman Who Lost Her Dumplings, 1902)
CHIN-CHIN KOBAKAMA (Chin-Chin Kobakama, 1903)
DER JUNGBRUNNEN (The Fountain of Youth, 1922)

aus: *Japanese Fairy Tale Series. Tokyo. T. Hasegawa. 1898 - 1922*

DER SCHÄDELBERG (In Ghostly Japan – Fragment)

aus: *In Ghostly Japan. Boston. Little, Brown and Company. 1899*

DIE VERSÖHNUNG DES SAMURAI (The Reconciliation)
DIE LEGENDE VON FUGEN BOSATSU (The Legend of Fugen Bosatsu)
DAS MÄDCHEN AUS DEM WANDSCHIRM (The Screen-Maiden)
DER REITER AUF DEM LEICHNAM (The Corpse Raider)
DAS MITGEFÜHL DER BENTEN (The Sympathy of Benten)
DIE DANKBARKEIT DES SAMÉBITO (The Gratitude of the Samébito)

aus: *Shadowings. Boston. Little, Brown and Company. 1900*

VON EINEM GEBROCHENEN VERSPRECHEN (Of a Promise Broken)
VON EINEM GEHALTENEN VERSPRECHEN (Of a Promise Kept)
VOR DEM OBERSTEN GERICHT (Before the Supreme Court)
DIE GESCHICHTE VON KWASHIN KOJI (The Story of Kwashin Koji)
DIE GESCHICHTE VON UMÉTSU CHŪBEI (The Story of Umétsu Chūbei)
DIE GESCHICHTE VON KŌGI, DEM PRIESTER (The Story of Kōgi, the Priest)

aus: *A Japanese Miscellany. Boston. Little, Brown and Company. 1901*

DIE GESCHICHTE VON ITŌ NORISUKÉ (The Story of Itō Norisuké)

aus: *The Romance of the Milky Way. Boston. Houghton Mifflin. 1905*

Bibliothek Meiji

In der zweiten Hälfte des 19. Jahrhunderts öffnete sich das zuvor ganz in der eigenen Tradition verhaftete Japan hin zum Westen. Dieser Prozess war untrennbar mit dem Namen des Kaisers Meiji verbunden, der die radikale Umgestaltung der Gesellschaft ermöglichte und begleitete.

In der Reihe Bibliothek Meiji werden wiederentdeckte Texte und Fotografien aus der Zeit zwischen 1850 und 1930 präsentiert, die das Aufeinandertreffen von östlicher und westlicher Kultur dokumentieren. Die Bände enthalten neben den historischen Werken begleitende Texte und Kurzbiografien der Autoren oder Fotografen. Sie vermitteln das faszinierende Bild eines Landes am Anfang seines Weges zu einer wirtschaftlichen und politischen Weltmacht.

Louis Couperus
Japanische Streifzüge
Broschur, 182 Seiten, 25 S/W-Abbildungen

Klaus Lerch
Das Atelier des Kusakabe Kimbei
Broschur, Glanzpapier, 97 Seiten, 30 Seiten Farbdruck, 20 S/W-Abbildungen

Ottmar von Mohl
Am japanischen Hofe
Broschur, 213 Seiten, 58 S/W-Abbildungen

Klaus Lerch (Hrsg.)
Unheimliche Geschichten aus Japan
Broschur, Glanzpapier, 100 Seiten, 31 S/W-Abbildungen

Hibarios Verlag
Königstraße 110, 41564 Kaarst, www.hibarios-verlag.de

Klaus Lerch (Hrsg.)

Unheimliche Geschichten aus Japan

Broschur, Glanzpapier
100 Seiten
31 S/W-Abbildungen
ISBN 978-3-945058-03-9

Der Mann an der Felswand

Der gespenstische Tanuki

Die Vampirkatze

Die Höhle von Hiye

Der Schädel

und viele mehr

---

20 unheimliche Geschichten aus Japan, entdeckt im 19. Jahrhundert vom Japanreisenden David Brauns.

Zusammen mit den faszinierenden Fotografien von Herbert Ponting, die vor über hundert Jahren entstanden, zeichnen sie ein Bild der Kultur und Tradition eines Landes, das sich nach Jahrhunderten der Isolation zum Westen hin geöffnet hatte.

Lafcadio Hearn

Kwaidan

Seltsame Geschichten und Studien aus Japan

Broschur
124 Seiten
20 S/W-Abbildungen
ISBN 978-3-945058-04-6

Die Geschichte von Mimi-Nashi-Hōichi

Von einem Spiegel und einer Glocke

Ein begrabenes Geheimnis

Yuki Onna

Der Traum Akinosukes

und viele mehr

Kopflose Dämonen, Geister toter Krieger und unheilbringende Fabelwesen treffen auf ehrenhafte Samurai, weise Mönche und tapfere Bürger aus dem Land der aufgehenden Sonne.

Lafcadio Hearns Interpretationen japanischer Mythen und Legenden sind schauerlich unterhaltsam. Zugleich vermitteln sie dem Leser ein tiefes Verständnis von Wertvorstellung und Tradition im alten Japan.

Edition Hearn

In der Reihe EDITION HEARN werden ausgewählte Werke von Lafcadio Hearn veröffentlicht. Der Schriftsteller griechisch-irischer Abstammung lebte von 1890 bis zu seinem Tod im Jahre 1904 in Japan. Durch seine Werke wurde das westliche Bild von Japan Anfang des 20. Jahrhunderts entscheidend geprägt.

Auch heute noch gilt Lafcadio Hearn im Land der aufgehenden Sonne als der Ausländer, der die japanische Kultur und Lebensweise am tiefgründigsten verstanden und beschrieben hat.